KB235921

신비한 동양철학 · 10

쉽게 푼 周易

정도명 지음

삼한

머 리 말

　주역은 우리의 고대 사회였던 배달조선 제5대 태우의 한웅께서 복희씨를 우사로 삼았는데 신령한 용의 변화를 보고 괘도를(주역의 괘효를…) 지었고, 신불이 계해(癸亥)역을 갑자(甲子)로 세수(歲數)를 삼게 했다는 기록이 환단고기에 나타나 있는 것으로 보아 주역의 기원이란 중국이 아니라 바로 우리 한인 조상들에 의해 비롯된 것이라 하겠다.

　그러나 주역하게 되면 중국에서 유래되어 온것처럼 알려져 있는게 우리들의 일반적인 견해로 되어있고 은나라나 주나라는 중국의 고대 왕국으로 알고 있기 쉬우나 실은 우리 조상들이 중원 땅을 다스리던 신시때에는 조공까지 바쳐왔던 일개 제후국이었음을 알고보면 참으로 개탄을 금치 못할 역사적인 왜곡 시대를 살아 왔었구나 하는 생각을 하게 될 것이다.

　주역 연혁을 기술해 놓았다는 책자들을 펼쳐보게 되면 복희씨는 중국의 삼황오제중의 한사람으로 나타나 있고, 복희씨가 중원의 제왕이던 시절에 황하에서 용마의 등에 짊어지고 나왔다는 선천도와 주의 문왕때에 낙수에서 나왔다는 신구의 등에 신묘하게 새겨진 점(占)획이 주역의 후천도라 되어있다.　그래서 중국인들은 삼황과 오제 그리고 요순우탕 문무 주공 공부자를 성현으로 떠받들고 있는 실정이지만, 그에 연원이나 성현의 여부를 거론하기 이전에 본래의 이름이 연산으로 불려지던 것이 은나라가 망하고 주나라가 세워지면서 부터 주역의 선천괘도와 후천도가 정립이되어져 주나라 또는 주공이라는 주자를 따가지고 주역이라 명명하기 시작했다.

따라서 주역의 역자는 용자(龍字)의 고자(古字)에 해당한다는
데 주역의 한효 한효는 한일자 이거나, 두개의 점획을 그어 음양
으로 구분하게 되어있기 때문에 용이라 칭하게 된 것도 그리 무
리는 아닐것으로 생각된다.

또한 동양철학 하게되면 주역을 맨먼저 앞세우게 되는 원인 역
시 주역의 원리속에는 천문과 지리 그리고 인사의 부문에 이르기
까지 어느것 하나 적용되지 않은것이 없다할 정도로 적용 범위가
광범위한 자연과학이자 천문학이라 하겠는데 그의 적중율이란 가
히 신출 귀몰하다할 정도인 것이어서 주역 주역하게 되는 것
이다.

그래서 동양철학하게 되면 주역이고 주역에서 파생되어 나온
학문이란 그 첫째가 동양의학인 것인데 의학에서는 본초학과 경
혈학이 나오게 되었고, 그 두번째가 복서법이라 하씄는네 복서법
가운데에서는 하락리수, 기문둔갑술, 육임사과, 매화역수, 구성
구궁법, 자미두수법, 사주추명학, 관상학 등으로 발전되어 왔으
나, 이들 모두의 학술들은 나름대로 가지고 있는 특성이 반드시
있게 마련이지만 주역의 역상해설법이나 복서법이 이상에서 열거
한 학술들의 적중률보다는 훨씬더 높은 것이라 하겠다.

그래서 본서를 집필하게된 적용의 범위는 어디까지나 복서법을
기준으로한 설문 해답식의 집필을 시도 해본 것인데, 본서가 과
연 독자들의 소양에 적응할 수 있는 아주 재미있는 주역풀이가
될수 있을런지는 모르겠으나, 주역이라 하는 학문 자체가 워낙
난해하고 어려울 뿐만 아니라 계절과 날짜와 시간까지를 적용시
켜 나가야만 100%의 점단이 나와지는 학문이기 때문에 설문의
해답 자체가 조금은 애매한 느낌을 줄 수도 있는 것이 될 수도
있다 하겠으나, 예지의 가능성 정도까지는 도달할 수 있는 분야

까지를 기술해 보기위해 무척이나 노력을 경주해봤지만 그래도 어쩐지 미흡한데가 많은것 같다는 생각을 할 수밖에 없는 필자 자신의 입장을 십분 이해해 주길 바라면서 이만 줄이려 하니 독자 제현들께서는 본 책자의 내용을 생활의 지침서로 삼아 보다 건실하고 알찬 오늘과 내일의 생활을 영위해 나가는데 생활의 지침서가 되어주기를 바라면서 이만 지필하고자 한다.

1991년 10월 20일 필자

차 례

해제(일러두는 말)

1. 현재의 운세

현재의 운수란 자기 자신에게 처해져있는 사안들이 어떻게 전개 되어질것 인가를 제시해주고 있는 부분이다.

2. 운세의 전망

이 부분은 현재의 운세가 어떻게 전개되어져 나갈 것인가를 나타내 주고 미래의 전망사를 말한다.

3. 주의할 점

얻어진 괘상이 제시해 주고있는 운세에 대한 주의 사항을 밝혀 주고 있는부분이다.

4. 소망과 재수

자기가 원하고 있는 일의 성패가 어떻게 전개될 것인가의 결과를 예시해 주고 있는 부분이 되겠다.

5. 이해관계

어떠한 분야에서 이익이나 손해가 있을것인가를 밝혀준 부분이다.

6. 계절과 때

계절이란 춘하추동 사시절과 날자 그리고 오늘의 몇시를 알려주는 부분인데 오늘의 운세를 보려면 오늘의 일진과 시간을 참고하고 계절을 보고 싶으면 계절, 그리고 1, 2, 3, 4, 5, 6, 7, 8, 9, 10 등의 오행에 해당하는 숫자란 그냥 시간일수도 있겠고 3,8은 木 4,9는 金 1,6은 水 5,10은 土라하여 甲乙寅卯는 木이되고 丙丁巳午는 火가 되며 戊己 辰戌丑未는 土가 되고 庚辛申酉는 金이고 壬癸亥子는 水에 해당하니까 참작해 보면 될것이다.

7. 건강 관계

건강관계는 어떠한 질병이 문제가 되겠는가를 보는 부분이 되겠다.

8. 소식의 시기

소식의 시기란 자기가 기다리고 있는 편지나 전화 또는 회신 같은 것들을 들을수 있는 시기와 결과를 알아보는 것이 되겠다.

9. 어떤 사람

만나야할 사람이거나 자기를 찾아온 사람이 어떠한 상품을 가졌으며 어떤 사람이고 그 사람의 인적 사항등이 어떻다 라는 해답을 찾아보는 부분이 되겠다.

10. 계절과 날씨

날씨를 알아보는 일종의 기상통보인 것이다.

11. 어떤 지역

어떠한 지역인가를 알아보는 것이다.

12. 어떤 집

어떠한 모양의 집이거나 향은 어떻게 앉았으며 어떠한 위치에 지어져 있는가를 알아보는 곳이다.

13. 어떤 물건

어떠한 물건이며 어떤 것들인가를 알아보는 부분이 되겠다.

14. 집안 운수

자기가 살고있는 집안의 운수를 알아보는 부분이 된다.

15. 결혼과 애정

연애나 결혼과 관계되는 사항을 알아보는 것이다.

16. 어떤 음식

어떠한 음식을 먹게 되겠는가, 또 어떤 음식이 나오겠다라는 것등을 알아맞춰 보는 부분이 되겠다.

17. 출산 관계

임심중에 있는 산모의 출산과 건강관계 그리고 에후등을 기술해 놓은 부분이 되겠다.

18. 교역 관계

교역이란 상품을 팔고 사는 경우도 해당이 되겠지만 물건을 서로 바꾸는 경우에도 해당이 되겠다.

19. 출행과 여행

출행이란 여행이나 출장 또는 시찰이나 비지니스와 같은 경우를 말한다.

20. 재판 관계

재판을 해야 하느냐 말아야 하겠느냐를 알아보는 부분이 되겠다.

21. 묘자리

자기 조상의 산소 자리를 새로 정하게 되었을때 보게되는 자리의 길흉을 알아보는 부분이 되겠다.

22. 어떤 성씨

자기가 만날 사람이거나 찾아올 사람의 성씨는 어떤 성씨를 가진 사람인가를 알아볼 수 있는 부분이라 하겠다. 이것은 오음(五音)의 각음(角音)을 말한다.

예)가, 카에 해당한다.

23. 대학시험

자기가 치르게 될 대학시험의 성적을 미리 알아볼 수 있는 관계인데, 그 첫번째가 방향이고 두번째가 예상점수라 하겠는데 예상시험 점수의 확률은 ＋－5~10점 내외로 참작해보면 되겠다.

※ 방향이 지시방향과 일치하지 않았을 때에는 오차가 아주 커질수도 있다.

* 괘상을 만드는 법(점괘는 이렇게 만든다)
(주역풀이의 괘를 만드는 요령)

주역에는 상경이 30괘 하경이 34괘가 있으며, 상하경을 모두 합해 64괘로 되어있다. 한괘에는 6효가 있어 한괘마다 내괘가 있고 외괘가 있게 되어 있는데, 내괘는 집안이나 자기 운수의 동정을 알아볼 수 있는 자리이고, 외괘는 외부적인 사항이나 상대방의 동정을 살펴보는 부위가 된다.

또 한괘마다 한번씩을 변환시켜 주면 64괘가 384괘로 되게 마련이지만 이와같은 변효법까지 쓰고자 하면 주역해설의 전문가가 되기 이전에는 상당한 어려움이 따르게 된다. 그래서 본서에서는 상하경을 합한 64괘만 23개의 항목으로 세분하여 여타의 다른 주역 해설서보다 더 자세하고 재미있게 해설을 시도해 독자제현들의 이해를 돕기로한 것이라는 사실을 알아두기 바란다.

그러나 본서를 이해 해나가기 위해서는 무엇보다 먼저 알아두어야 할 가장 중요한 점은 주역의 편이성이 되겠는데, 주역의 원리란 천문, 지리, 그리고 인사부분의 세상만사를 모두 해설할 수 있는 예지 학문이지만 여타의 운명술 처럼 생년월일이나 시 같은 게 전혀 필요없이 괘를 만드는 방법만 알면 때와 장소에 전혀 구애를 받을 필요없이 자기가 알고 싶은 모든 사안들을 낱낱이 알아낼 수 있는 절묘한 점성학이란 것이다.

그러나 괘를 만들고자 할때에는 장난으로 괘를 만들게 되면 절대 맞지가 않는다 하였고, 성심을 다해 작괘를 하게되면 괘는 비록 다른괘가 나오더라도 그 해답만은 같다 하였으니 참으로 불가사의한 학문이란 생각을 하게된다.

그래서 주역의 계사전에 있는 명문 한 구절을 소개해 본다면

"성심자야 괘덕유희(誠心者也 卦德有喜)"란 구절이 있는것만 보더라도, 점단자는 반드시 성심을 다해 하늘에 기도를 올리는 마음 가짐으로 숙연한 자세에서 괘를 만들어야만 하늘이 도와준다는 사실을 독자 제현들은 명심해 주기를 바라며 다음과 같이 괘를 만드는 방법 몇가지를 소개해 보기로 하겠다.

* 요령 *

어떠한 방법을 택하든 맨 먼저 나온 숫자는 내괘가 되고 나중에 나온 숫자는 외괘가 되어, 내외의 두괘가 합해져 한괘가 된다는 것을 명심하라.

예)수험번호, 접수번호, 전화번호 같은 것으로서도 가능함.

〈제1법〉 염력의 숫자로 괘를 만드는법

주역의 본괘는 8괘이기 때문에 하나에서 부터 8까지를 조용하게 마음속으로 세어나간다.

그러다가 자기가 고르고 싶은 숫자 하나를 택하게 되면 그것이 내괘가 되니 그 수를 끝자리 수로 정해놓은 다음에 또 하나의 숫자를 고른다.

이것이 외괘가 되는데 이때에 첫번째에 골랐던 숫자를 두번 골라도 상관은 없겠으나 가급적이면 다른 숫자를 고르는것이 좋다. 이렇게해서 머리숫자와 끝수가 나와 졌으면 한괘가 된 것이니 그 숫자가 제시해 주고 있는 괘상을 찾아보면 되겠다.

실예]

먼저번에 고른 숫자가 1이라면 1을 끝자리에 놓고 두번째의 숫자가 8이었다면 8을 머리부분에 붙인다. 그렇게 하면 81이라는 괘가 나왔으니 81괘는 지천태괘인 것이다.

해설】

천지교태(天地交泰) 소왕태래(小往泰來)가 되겠으니 하늘과 땅의 기운이 서로 화합한 상이니 적게가고 많이 온다는 아주 좋은 운수가 나왔다.

이와같은 괘를 해의 정초에 얻게 되었다면 그 해의 일년운수가 대통인 것이요, 그날의 재수를 점쳤다면 그날의 재수가 대통할 것이라는 사실을 미리 알아볼 수가 있겠고, 그 날의 몇 시에는 어떠한 일이 있게 된다는 것쯤은 금방 알아낼 수가 있는것은 말할것도 없이 괘상의 괘사가 밝혀주고 있듯이 지천태의 괘가 제시해 주는 결과는 반드시 좋은 것이라는 사실을 영험해 볼수 있을 것이다.

〈제 2 법〉 시계를 가지고 괘를 만드는법(그림)

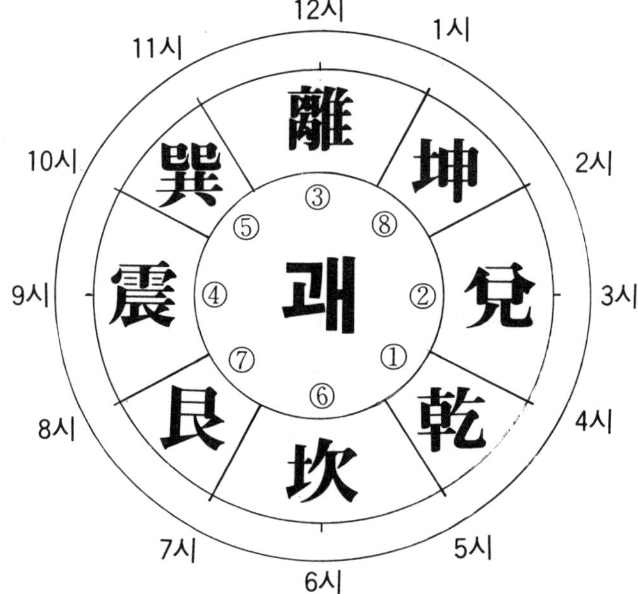

제1법의 경우처럼 숫자를 생각해낸다는 것이 어쩐지 번거롭지 않느냐 하는 생각이 드는 사람이면 자기가 항상 차고 다니는 시계로 괘를 정해도 된다.

시계로 보는 방법은 먼저 시계의 문자판에 나타나 있는 12시간의 표시점을 건곤감리진손간태(乾坤坎離震巽艮兌)의 8방위를 먼저 설정해 둔다.

그러나 진태감리(震兌坎離)의 네 방위는 사정(四正)의 방향이라 하여 진(震)은 9시방향 태(兌)는 3시방향 감(坎)은 6시방향에 리(離)는 12시방향으로 정하고 손(巽)은 9~10시 방향 곤(坤)은 1~2시 방향 건(乾)은 4~5시방향 간(艮)은 7~8시의 방향으로 정해둔다.

그리고 다음에는 시계의 시침은 내괘로 정하고 분침은 외괘로 정하면 되는데 그 실예를 하나 소개해 본다.

그날의 재수를 점치고자한 사람이 자기의 손목에 차고있는 시계의 시침을 보니 아침 10시 방향에 있고, 분침은 2시 방향에 가 있었다면 10시는 손에 해당하니 5요, 2시 방향은 곤이니 8이 된다.

이렇게 5괘가 나왔으니 지풍승 괘를 얻게된 것이다.

그렇다면 지풍승 괘는 고산식목(高山植木) 이소적대(以少積大)라 하였으니 높은 산에 나무심기와 같아 작은것을 구하려 해도 힘에 겹다는 괘사가 나와 졌으니 하고자 하는일에 약간의 힘은 들겠으나 결과는 아주 좋아질거라는 해답을 얻게 되었으니 그 날의 운수나 그 해 또는 그 달의 운수는 노력끝에 얻어진 결과로 과연 클것이라는 운세를 만난것으로 보면된다.

참고)

1은 乾, 2는 兌, 3은 離, 4는 震, 5는 巽, 6은 坎, 7은 艮, 8은

坤. 즉 이 주역 8괘의 선천배치도는 고유숫자라는 것을 명심하고, 이상의 시계 작괘법에서 시침과 분침으로 하기 싫으면 분침과 초침을 가지고 괘를 만들어도 상관없다.

〈제 3법〉 나이로 작괘를 하는법

자기의 나이를 8로 나누고난 나머지의 숫자로 내괘를 삼고, 상대방의 나이에 수를 8로 나누어 외괘를 만들면 된다. 이 경우 상대방의 나이를 꼭 물어봐야만 하는 번거로움이 있게 되지만 이것도 하나의 작괘법이기 때문에 기술해 두고자 한다.

실예]

자기의 나이가 26세라면 26÷8=24하고 나머지가 2이니 내괘는 2이고, 상대방의 나이는 21세라 한다면 21÷8=16 하고 나머지가 5가 되니까 52괘가 얻어졌기 때문에 풍택중부괘(風澤中浮卦)가 된다.

이 괘는 학명자화(鶴鳴子和) 사유정기(事有定期)라 하였으니 먹이를 구한 어미새가 새끼의 둥지를 찾아드는 상이니 서로는 언제라도 함께 만날수 있는 동지의 입장인 괘가 나온 것으로 볼 수가 있겠다.

〈제 4법〉 물건으로 괘를 만드는법

다방이나 기원 또는 산이나 들판같은 곳에서 괘를 한번 얻어보고 싶어질 때는 언제라도 탁자위에 배치해둔 성냥통에 먼저 오른손으로 성냥알을 집어내어 집히는 대로 내놓은 다음에 그 숫자를 헤아려 8 미만의 숫자이면 그대로가 내괘에 해당하고, 8이 넘었을 경우에는 8로 나누고 난 나머지의 숫자를 내괘를 삼고, 그 다음에는 왼손으로 또 한번 집어내 숫자를 헤아려 먼저번과 같은 방법으로 하여 외괘를 정하면 된다.

그리고 기원같은 곳이라면 바둑알로, 산과 같은 곳이라면 솔잎이나 나뭇잎 같은 것으로 그것도 싫다면 모래알이나 조약돌 같은 것으로 얼마던지 괘를 만들면 되니, 성심이 없는 괘만 만들지 않으면 반드시 맞게 되어 있는것이 주역인 것이다.

그러나 이상에서 열거해 보았지만 사실인즉 그 방법은 무한하다 할만치 다양한 것이기 때문에 독자들 나름대로의 작괘법을 만들어 사용해도 상관이 없다는 사실을 첨언한다.

11괘 ☰
건위천(乾爲天)

육룡어천 광대포용(六龍御天 廣大抱容)

1. 현재의 운세

여섯룡이 하늘에 올라 조화를 부리는 운세라서 사소한 것에 신경쓰지 말고 순리를 지켜나가면 성공.

2. 운세의 전망

부지런하고 성실한 사람에게는 매우 좋은 운세지만 오만과 불손한 자에게는 악운으로 역전되기 쉽다. 당신이 여자라면 너무 개방적이고 활동적이기 때문에 가정생활에 소홀하거나 문제나 파탄을 초래할 기미가 엿보인다.

3. 주의 할 점

지나친 이상에 들떠있는 사람은 실패수다. 현실의 안일을 구해 차분한 행동으로 옮겨나갈것.

4. 소망과 재수

손윗 사람에게 부탁하면 재물은 얻지못해도 명예는 희망적. 토끼날, 호랑이날에 돈이 나간다. 현재보다 더 확장은 하지 말고 재물 보다는 정신적인 것에 더 만족할것.

5. 이해관계

관공서나 기관같은 곳의 재물은 범날이나 토끼날… 봄, 가을은 재수가 좋고 여름철은 재수가 없다.

6. 계절과 때

9월, 10월 술자와 해자가 되는 달과 날 그리고 오늘의 1, 4, 5, 9에 해당하는 오행의 시간.

7. 건강 관계

두통, 얼굴의 병, 폐나 기관지염, 근육통, 신경통 등의 질환. 주로 상부에 속한병.

8. 소식의 시기

개날과 소날은 편지나 전화가 오겠고, 말날과 뱀날에는 명예나 직장관계의 소식이…

9. 어떤사람

대통령, 수령, 통수권자, 노인, 아버지, 고급관리, 인기인, 저명인사등 과단성있고 건장한 체구. 활동력이 강해 놀고 먹기를 싫어하는 사람.

10. 계절과 날씨

맑게 갠 하늘, 얼어붙은 날씨, 우박, 진눈깨비를 동반한 기상이변 있을수도…

11. 어떤 지역

서북쪽 서울 또는 부산과 같은 대도시나 지대가 아주 높은곳.

12. 어떤 집

관청건물 기차역이나 터미널과 같이 규모가 큰 서북쪽에 있는 집.

13. 어떤 물건

말이나 사자 코끼리 또는 기러기 또는 금이나 옥 보물 둥근물 건 철모 거울과 같은것들.

14. 집안 운수

가을에는 좋은일이 있겠고 여름에는 액운이 많겠고 봄의 운수 는 좋아…

15. 결혼과 애정 관계

직위가 높은 사람이나 고관 명문가. 가을에나 이뤄진다. 여름 의 혼인은 좋지 않다.

16. 어떤 음식

과일류 말고기 맛있는것. 뼈가 많은 음식 간이나 허파고기 말 린 건포류들…

17. 출산 관계

산모를 서북으로 눕거나 앉게해야. 가을엔 귀한 아들. 여름은 고생많아.

18. 교역 관계

용이하다. 공공기관의 돈이 들어올 수. 유가증권은 불리. 금이 나 은 같은것은 좋아.

19. 출행과 여행

서울과 같은 도시지역이 좋아. 서북이면 더욱 좋다 여름이면 불리.

20. 재판 관계

나를 도울 귀인을 만나 유리. 가을에는 이기겠고 여름이면 지 게 돼.

21. 묘자리

손좌건향이 좋고, 서북쪽에서 뻗은 천혈 높은 지대가 좋아. 여름이면 나쁜자리. 가을이면 길지가…

22. 어떤 성씨

사, 자, 차에 해당하는 성이다.(차, 정, 장, 조, 송씨와 같은 金姓들)

23. 대학시험

남쪽 방향이 유리하겠고, 예상시험 점수 250점.

12괘 ䷉

천택리(天澤履)

족답호미 안중방액(足踏虎尾 安中防厄)

1. 현재의 운세

당신은 지금 길을 가다 호랑이 꼬리를 밟은것 같은 위험에 처해있다. 정신과 마음을 가다듬어 주어진 운명의 기로에서 슬기를 되찾아야 할때…

2. 운세의 전망

처음에는 상당한 곤경에 처해진 듯해 보이지만 결국에는 성공을 거둘 것이다. 애매모호한 태도와 적당주의는 금물. 이성관계에 휘말리면 헤어날 길이 없어… 후회하지 않도록 하라.

3. 주의 할 점

맺고 끊는게 분명한 행동이 상책. 분별없는 처신이나 값싼 동정심에 휘말리면 후회막급. 일의 중단은 금물이니 신중하게…

4. 소망과 재수

울고 싶어도 웃어라. 이웃 사람의 도움이 있게 될 것이다. 웃는 얼굴에 침뱉을 사람은 없을터… 쥐날 돼지날 금전출입.

5. 이해 관계

현실적으로 이뤄지기 힘든 시기를 만났다. 겨울의 12월이면 가능하겠다.

6. 계절과 때

12월 소축자가 되는 달과 날 그리고 오늘밤 1시~3시 사이와 7, 5, 17에 해당하는 시간.

7. 건강 관계

호흡기질환에 유의. 여름철은 더위병에 주의를…

8. 소식의 시기

말날과 뱀날은 편지, 범날과 토끼날은 명예적인 소식듣는 날. 당장은 이뤄지기 힘든 소식. 가출자는 사정의 악화로 오갈수가 없다.

9. 어떤 사람

작은 아들. 산중에 사는 사람. 아주 한가한 사람이다. 인기인 저명인사등 배반의 소지가 있는 사람. 두문불출 하고 있기 때문에 만나 볼수 없는 사람.

10. 계절과 날씨

구름이 낀 날씨이거나 산바람이 불고 이슬이 내린 날씨.

11. 어떤 지역

험악한 산길. 산상에 쌓아 놓은 산성이거나 묘지가 있는 동북쪽 방향.

12. 어떤 집

동북을 향해 도로를 끼고 있는 주택인데 남향집.

13. 어떤 물건

호랑이, 쥐, 흰색을 가진 동물. 다람쥐 같은 것이거나 흙더미나 돌멩이 흙 가운데에 파묻혀 있는 물건이나 참외.

14. 집안 운수

봄에는 관재수가 있겠고 여름에는 문서에 액운 많고 가을은 신통치 않으며 겨울되면 조금났다.

15. 결혼과 애정 관계

둘째딸과 결혼할수. 십년도 넘는 연하의 사람과 교제하지만 어쩐지 떫떠름한 관계 혹은 재취나 첩일수도… 연인관계는 유부남 유부녀일수도.

16. 어떤 음식

야채, 사라다, 꿩불고기, 마른안주, 산짐승의 고기.

17. 출산 관계

난산이 염려되니 의사를 구하는게 상책. 산모가 앉을 방향은 남쪽이 좋아… 아들.

18. 교역 관계

이뤄지기 힘들겠다. 부동산이나 임야 같은 문서와 연관 관계가 있는 것이면 좋다.

19. 출행과 여행

방탕이 목적인 여행이면 반드시 횡액수. 남쪽은 괜찮겠으나 문서와 관련된 여행이기 쉬워.

20. 재판 관계

승소가 어렵겠으나 의리를 저버리는 일은 삼가야…

21. 묘자리

동북의 혈이다. 나무가 없는 남향의 산지. 여름이면 문인이 나올자리. 겨울이면 불리한 자리.

22. 어떤 성씨

아, 하, 토에 해당하는 성이다. (한, 안, 홍, 이, 하, 황, 윤씨

같은 土姓들)
23. 대학시험
이공계면 합격. 예상 시험점수 220~240점. 동쪽이 유리.

13괘

천화동인 (天火同人)

거어종항 이인분금(巨魚從壑 二人分金)

1. 현재의 운세

드높은 하늘을 향해 치솟는 불길과 같아, 의리 있고 뜻이있는 자들 끼리 서로 만나 마음을 합해 일을 시도해 보려하는 상.

2. 운세의 전망

지금까지의 노고와 근심은 흩어지고, 뜻밖에 손윗 사람의 도움이나 또는 친구의 협조가 있어 크게 발전을 기약할 운세.

3. 주의 할 점

안일한 생각은 금물. 비밀스러운 것들을 고백해 가면서 동업을 시도할일 있겠다. 몸은 하나인데 한꺼번에 두가지의 계획은 금물.

4. 소망과 재수

혼자의 힘으로는 안되겠다. 타인의 협조를 구하라. 성공의

댓가는 50 : 50이다. 손해볼 일 별로없는 성공이… 닭날과 잔나비날 돈 들어와. (시간에도)

5. 이해관계

곧바로 이뤄질듯 하지만 지지부진 하다면 노력 부족이 원인. 완벽한 계약체결과 함께 힘껏 밀어부치면 반드시 이뤄져…

6. 계절과 때

5월 말오자가 되는 달과 날. 그리고 오늘 3, 2, 7에 해당하는 오행의 시간.

7. 건강 관계

건강에 유의하라. 눈 목부위 그리고 심장에서 열이나는 상초의 병과 더위때문에 얻어진 병등…

8. 소식의 시기

범날과 토끼날은 문서나 계약상의 소식. 쥐날과 돼지날은 명예적인 소식듣는 날. 가출자는 반드시 돌아와…

9. 어떤사람

둘째딸이다. 문인 또는 아주 뱃심좋은 사람이거나 눈병을 앓고있는 환자. 아주 총명한 사람이다. 글을 쓰는 직업을 가진자…

10. 계절과 날씨

살인적인 폭염이 기승을 부리는 오월의 날씨. 밤에는 달무리를 볼수 있어.

11. 어떤 지역

양지바른 남쪽이다. 쇠를 녹이거나 가공하는 곳. 전자공장, 중화학단지 같은 곳.

12. 어떤 집

햇볕이 아주 잘 들어오는 남향집이다.

13. 어떤 물건

꿩, 거북이, 가재, 자동차나 포크레인 같은 것이거나 전기불, 문서, 건조물, 붉은 색으로된 물건.

14. 집안 운수

겨울에는 불안하다. 이지적인 화친을 이상으로 아는 가정. 여름과 겨울에는 불조심, 연탄개스 같은것도 조심을…

15. 결혼과 애정 관계

이뤄지기 힘들어. 둘째딸인데 연애중이면 여름에나 겨울은 어렵겠고 재혼이면 상관없다. 연인관계는 삼각관계에 신경쓰여…

16. 어떤 음식

꿩고기, 불고기, 마른안주, 구운고기 등.

17. 출산 관계

산모가 남족으로 안거나 눕게하면 둘째딸을 순산하겠다. 남쪽 방향의 병원 찾으면 좋아…

18. 교역 관계

남방외교에 의한 과학제품의 교역은 아주 좋아. 오퍼를 열거나 일반계약도 상관없어…

19. 출행과 여행

동행할 사람 있으면 더욱 좋아. 여자와의 동행은 금물. 선박이나 항공기를 이용하라.

20. 재판 관계

쉽게 해결되겠다. 재판보다는 화해가 우선일듯…

21. 묘자리

나무가 별로없는 양지바른 남향의 자리이다. 여름에 쓰면 문인이 나오겠지만 겨울이면 나쁜자리.

22. 어떤 성씨

라다타나 사자차의 성(리, 림, 류, 노, 장, 최, 정씨 같은 성씨들…)

23. 대학시험

인문계가 유리하고, 북쪽이면 경쟁에서 이겨. 예상점수 230점.

14괘
천뇌무망 (天雷无亡)
석중은토 수구상안 (石中隱土 守舊常安)

1. 현재의 운세

생각지 않게 모든것이 여의치 않아 애타게 쌓아올린 금자탑이 와르르… 하늘의 뜻에따라 조용히 때를 기다릴때.

2. 운세의 전망

재해와 홍수를 만난 농부라 할지라도 의연한 자세로 대지를 떠나려 하지 않는것이 농부의 마음이듯, 진실한 마음이 요구돼. 시기에 적절한 때를 기다려야…

3. 주의 할 점

한줌의 흙이 돌담 사이에 끼어든 듯한 운수이기 때문에 경거망동은 삼가야. 마음이 급할지라도 조금만 더 참아내야…

4. 소망과 재수

말만 있고 성과가 없어. 귀로 듣지 않음만 못해. 주위에서 부추기는 사람 있어도 신경쓸 필요 없어… 용날과 개날 돈 들어오거나 나가…

5. 이해관계

남 보기에는 그럴싸 한것 같지만 사실상 실속은 없는 허명무실적… 사기도 아닌 사기수에 걸려들기 쉬우니 조심을…

6. 계절과 때

3월, 4월 용이나 뱀의 오행에 해당하는 오늘 3, 5, 8의 시간과 5, 1, 4일의 날과 시간.

7. 건강 관계

중풍, 경풍, 구완와사 등에 조심을. 다리 장부의 한증이나 오슬오슬 추운 증세에도 조심을…

8. 소식의 시기

쥐날과 돼지날은 문서나 계약상의 소식이 있겠고, 잣나비날과 닭날은 명예적인 소식이 있겠고, 가출자는 올듯 말듯해. 15시~19시.

9. 어떤사람

큰딸, 노인, 장남, 과부나 선도자이거나 다리에 특징이 있는 사람.

10. 계절과 날씨

바람이 무척불고 뇌성이 있겠지만 대체로 맑은 날씨.

11. 어떤 지역

양지바른 남쪽이다. 쇠를 녹이거나 가공하는 곳. 전자공장 중화학단지 같은것이 있는곳.

12. 어떤 집

평온이 깃든듯한 시장근처 동남향으로 앉은 절간이나 교회 같은 집일수도…

13. 어떤 물건

닭, 산짐승, 벌레, 경비행기, 협궤열차 같은 것이나 곧게 생긴것. 목향, 밧줄, 대나무, 전신주, 국기게양대 같은것들.

14. 집안 운수

평온한것 같으나 불안하다. 큰딸 문제로 근심이… 봄 운수는 좋고, 가을 운수는 나빠짐. 말날과 뱀날 집을 팔거나 사게 돼.

15. 결혼과 애정 관계

장남과 장녀끼리의 혼담 있게돼. 가을이면 이뤄지지 않고, 두 여자와 한 남자가 시일만 끌어가며 줄다리기…

16. 어떤 음식

닭고기나 부패된 음식에 주의를. 채소나 과일등…

17. 출산 관계

산모가 동남향을 향하고 앉으면 길, 순산이다. 서두르지 말라. 동남쪽의 병원 찾아가면 좋아… 아들이다.

18. 교역 관계

동남쪽으로 교역을 꿈꾸겠지만 실속이 없어. 오히려 하지 않음만 못해…

19. 출행과 여행

사업목적외 여행은 손해만… 돈이나 쓰기 위한 관광 여행이라면 무관하지만, 여행중에 이성을 알게되면 평생고질.

20. 재판 관계

정당한 일이면 몰라도 곤경에 처하기 쉬워. 서두를수록 불리.

21. 묘자리

나무 숲이 무성한 자리. 건좌손향의 자리. 돌과 자갈이 섞인곳, 땅.

22. 어떤 성씨

가카 목의 성(강, 김, 구, 권, 금, 곽, 길, 공, 경씨같은 성을 가진자들…)

23. 대학시험

이공계가 유리하다. 서쪽 방향이 유리. 예상점수 190점.

15괘 ䷫
천풍구(天風垢)

풍운상대 혹취혹산(風雲相對或聚或散)

1. 현재의 운세

우연히 만나는 사람있다. 만나는것 까지는 좋으나 얻어진것 보다 잃은 것이 더 많기 쉬워 신중한 처세가 요구돼…

2. 운세의 전망

전혀 모르는 사람에게는 사기를 당하지 않는법, 몇 번쯤 만난 사람 때문에 손해수가… 분수에 맞춰 직분에 충실하면 실수는 없을듯 사람을 너무 믿어 허망할수가…

3. 주의 할 점

구름이 바람을 만나듯 하고 떠밀려진 구름이 흩어졌다 또다시 뭉치는것 같아 일에 승패가 거듭되기 십상. 함부로 덤비지 말고 참는게 상책…

4. 소망과 재수

생각했던것 보다 방해자가 많아 이루기 힘들어. 여성이 주도한 사업이라면 그런대로… 조금 얻은것에 방심하면 손해가 … 토끼날 범날 돈 2장 들어온다.

5. 이해관계

남 보기엔 그럴싸 해 보일지라도 실속은 없어. 절약이 묘책. 가을이면 뜻밖의 횡재수가, 문서상으로…

6. 계절과 때

가을 9월, 10월 개나 돼지의 오행에 해당하는 1, 3, 5의 날과 시간, 그리고 庚辛申酉 金에 해당하는 날과 시간.

7. 건강 관계

얼굴이나 머리 부분의 종기조심… 신경성 두통이나 구안와사 같은 증세에 조심을…

8. 소식의 시기

개날과 소날은 문서상의 소식. 말날과 뱀날은 명예 관계나 직장 관계의 소식있어… 가출자는 올까 말까 한다.

9. 어떤사람

늙은 아버지, 나이가 많은 공직자나 큰아들, 머리나 골격에 이상있는 사람, 고집이 너무 센사람, 남의 말을 들으려 하지 않고 자기주장만…

10. 계절과 날씨

맑으나 바람이 불고 무지개가 보인 날씨…

11. 어떤 지역

서북편에 자리한 산비탈. 서울이나 부산과 같은 대도시나 인구의 밀집 지역등…

12. 어떤 집

서북을 향해 서있는 고층건물. 학교나 병원 또는 관공서 같은곳

13. 어떤 물건

말, 학, 기러기, 코끼리, 사자, 십자매, 꾀꼬리, 앵무새, 비행기, 행글라이더 같은 것이거나, 금, 은으로 만든 제품. 주로 둥글게 생긴 관(冠)이나 거울같은 것들.

14. 집안 운수

봄의 운수는 좋겠지만 겨울과 여름운은 불리. 용날이나 양날은 집이 팔릴수. 이사수도 끼어 있어…

15. 결혼과 애정 관계

젊음만 불태우다 못다이뤄. 호스티스나 빠걸 레지등과 인연이 많은데 시일만 끌게돼.

16. 어떤 음식

마른 고기, 모양이 둥근 과일류, 간이나 허파고기, 새콤 달콤한 맛. 난생치음 먹어본 음식.

17. 출산 관계

산모를 서북향이나 동남향으로 앉게하라. 난산이다. 북쪽에 있는 병원을 찾아가면 좋겠다. 딸이다.

18. 교역 관계

물건값이 떨어졌다. 골통품과 같은 귀중품이나 고가품은 힛트…

19. 출행과 여행

여행중에 남녀 관계가 복잡해지기 쉬워. 낭비를 목적으로 한 여행이면 몰라도 비지니스를 위한 것이면 그만두는게 좋아.

20. 재판 관계

제아무리 정당성이 있는 것이라도 불리해. 사람을 통해 화해하는게 상책.

21. 묘자리
손좌건향의 천혈지지. 가을이면 귀인이 나올 자리이고 여름이면 나쁜자리. 바람을 많이 타는 고지대의 마사지역…

22. 어떤 성씨
사자차가 들어가는 金성(최, 장, 신, 심, 성, 소씨 등…)

23. 대학시험
인문계가 유리하겠고, 남쪽 방향이 유리. 예상점수 260점.

16괘 ䷅
천수송(天水訟)

준응축토 천수상연(俊鷹逐兎 天水相連)

1. 현재의 운세

윗사람이나 아랫 사람과 불화가 생겨 재판을 이르키거나, 심판이나 심사청구를 해야 할 일이 있을 상태…

2. 운세의 전망

자기 생각을 남들이 알아주지 않아 걸핏하면 다툴 일이 생기기 쉽고, 그로인해 당할 수밖에 없는 불이익이 있겠으니 겸허한 자세로 대처해 나가는게 상책.

3. 주의 할 점

어떤 일을 시도하건 간에 후에 다가올 말썽거리를 먼저 생각해 가면서 각별히 신중한 처신이 상책…

4. 소망과 재수

생각했던 것보다 방해자가 많아 이루기가 힘들어. 여성이 주도한 사업은 그런대로 조금 된다고 방심하면 손해가… 토끼날 범날 돈 2장 들어오지만 도로 나갈 수.

5. 이해관계

아주 불리하다. 북쪽 방향에서 손재수가… 문서상의 계약 관계는 약간 유리…

6. 계절과 때

여름의 5월. 말의 오행에 해당하는 년, 월, 일시에 해당하고 1, 3, 6시.

7. 건강 관계

눈병이나 마음의 병 조심. 성적인 불만에서 오는 상한병과 더위때문에 오는 질병에 조심을…

8. 소식의 시기

범날과 토끼날은 서신이나 전화가 있겠고, 쥐날과 돼지날은 명예와 관계되는 소식 듣겠지만 그리 달갑지 못한 소식.

9. 어떤사람

총명한 사람이다. 둘째 딸이거나 글을 쓰는 사람. 겉으로는 아주 강직해 보이지만 속마음은 아주 험악한 사람.

10. 계절과 날씨

햇볕이 쨍쨍 내려 쪼이는 날씨, 무지개가 보이거나 저녁노을이 아름답게 보이는 날.

11. 어떤 지역

남쪽인데 지대가 높은곳. 지대가 험악하여 위험한 경사 지역이다.

12. 어떤 집

남향으로 잘 지어진 저택인데 햇볕이 잘드는 집. 집은 크지만 텅비어 있다.

13. 어떤 물건

꿩, 거북이, 말, 고기, 가재, 자동차, 불도저 같은것들. 문서, 무기류, 붉은색으로된 건조물, 표시등 신호등 가로등 같은것들…

14. 집안 운수

겉으로 보기에는 아주 평온해 보이지만 내적 불화가… 겨울에는 나쁜데 화재수까지 끼었으니 조심을… 7월과 8월에는 이사수가…

15. 결혼과 애정 관계

아주 불리하다. 가운데 딸의 결혼은 이뤄지겠지만 다른 혼사는 어렵겠고, 여름은 좋아도 겨울은 나쁘다. 강제 결혼이나 폭력에 굴한 결혼이 되기 쉬워…

16. 어떤 음식

마른고기, 불고기, 마른안주 같은것과 머리고기 인데 맛이 매콤한것.

17. 출산 관계

산모를 남향으로 앉게하라. 두번째 임신한 딸은 순산… 서남쪽에 있는 병원 찾으면 좋아…

18. 교역 관계

남방이나 열대지방 무역이 좋아. 오퍼를 주고 받는 빠터 무역 체결이나 수표나 증권 관계라면 더욱 좋다.

19. 출행과 여행

남방으로 떠나라. 문서상의 계약 관계면 좋으나, 겨울이면 불리해. 배를 타거나 항공기를 타지 말라. 생명이 위태롭다.

20. 재판 관계

상대가 너무 강하기 때문에 불리해. 이름난 변호사를 기용하면 역전의 기회를 얻을수도.

21. 묘자리

자좌 오향인데 지대가 높고 나무가 없는 지대. 여름이면 문인이 나올 자리이고 겨울이면 나쁘다. 자갈과 돌맹이가 많은 지역이기 때문에…

22. 어떤 성씨

라다타나 사자차 마바파가 들어가는 성씨(리, 림, 로, 남, 류 소, 정, 차, 장, 정 박, 배, 봉, 문씨등…)이다.

23. 대학시험

인문계라면 북쪽이 유리하겠으나, 경쟁에 이겨내기 힘들어. 예상점수 180점.

17괘
천산돈(天山遯)

표은남산 변화막측(豹隱南山 變化莫測)

1. 현재의 운세

한마리의 표범이 남산에 숨어든 격. 적극적인 전진보다 차라리 숨어버리거나 은둔해 버리는게 상책…

2. 운세의 전망

너무 어지러운 세상을 만나… 생각과 실천이 같지 못해. 변화를 꿈꿔 보지만 허사. 조용한 가운데에 실속을 찾는게 상책… 여건의 성숙을 기다려야.

3. 주의 할 점

성급한 변동은 실패가… 들끓는 감정은 억제해야… 신규사업이나 업종변경은 안돼.

4. 소망과 재수

방해자가 많아 이룰수가 없어… 모해와 훼방, 모략과 중상 등의 징조가 있을것을 감안해야… 토끼날 뱀날 돈 2장 들어오지만 도로 나가.

5. 이해관계

아주 불리하다. 서북방에 손재수가… 문서상의 변동 관계라면 약간은 유리…

6. 계절과 때

가을의 9월과 10월. 돼지나 개의 오행에 해당하는 1, 7, 5시간…

7. 건강 관계

몸이 허약해진다. 머리가 아프고 다리가 저리는 혈행 이상의 질병에 조심을. 상초와 하초의 이상에서 기인된것. 고혈압이나 저혈압 신경성 두통등에 주의를…

8. 소식의 시기

개날과 용날은 서신이나 전화가 있겠고, 말날과 쥐날에는 명예와 관계되는 소식이 있겠다. 그리 달갑지 않은 소식이다. 가출자는 올까 말까 해.

9. 어떤사람

고위직에 머물다 물러난 도인이나 퇴역 장성으로 강직한 성격의 소유자. 언어와 행동이 일치하지 않은 자. 고집쟁이 이론만 내세우는 왕년의 실력자…

10. 계절과 날씨

아침과 저녁의 일교차가 아주 심한 이상기온. 계절 감각을 실감치 못할 상태가…

11. 어떤 지역

서북쪽 서울과 같은 대도시. 주로 사고가 많이 나는 인구의 밀집지역.

12. 어떤 집

서북향으로 지어진 고충건물. 너무 낡았기 때문에 수리를 요하는 건물…

13. 어떤 물건

말, 까마귀, 사자, 호랑이, 절름발이, 동물, 지게차, 불도저, 페이로다 같은 것이거나 금, 은, 진주, 산호, 비취류의 보석들 주로 둥근것인데 망가져 있거나 흠이 있는것들.

14. 집안 운수

겉보기에는 평온한것 같아 보이겠지만 내부의 갈등이 많아 앉은 자리가 불안해. 이사하는 편이 낫겠다.

15. 결혼과 애정 관계

은사나 부모가 연관된 결혼을 시도해 보겠지만 이뤄지기 힘들어. 차라리 없었던게 나을 수. 부모들의 의사에 반해 일방통행의 동거생활이기 쉽다.

16. 어떤 음식

말고기, 닭갈비, 산배 같은것. 새콤하고 매콤한것. 별로 맛이 없는것들…

17. 출산 관계

산모를 북향으로 앉게하라. 유산이 염려… 북쪽에 있는 병원을 찾아가면 산모는 무사 할터… 아들같은 딸이기 쉽다.

18. 교역 관계

남방교역은 실패 예상, 북방이나 동방 교역은 고전중에 현상유지. 운송 장비에 더많은 손해가…

19. 출행과 여행

북방으로 떠나라. 종교상의 포교 활동이라면 성공이다. 겨울이면 유리하고 배를 타거나 비행기를 타는 여행이면 생명에 위험.

20. 재판 관계

단 한번의 재판으론 끝나지 않고 두번을 하게 돼. 가을의 개달 개날에나 끝나겠지만 패소가 예상 돼.

21. 묘자리

손좌건향인데 천혈이다. 봉분이 다 허물어진 구묘가 있는 곳. 방랑객이 나올자리. 겨울이면 더욱 나빠…

22. 어떤 성씨

사자차가 들어가는 성씨(소, 정, 차, 장, 정씨등…)이다.

23. 대학시험

인문계라면 남쪽이 유리하겠는데, 시험을 두 번 치기 쉬워. 예상점수 250점.

18괘

천지비(天地否)

천지불교 인구미원(天地不交 人口未圓)

1. 현재의 운세

하늘과 땅의 기운이 막혔다. 나 와는 가까워 질수 없는 사람들만 득실거린다. 운수가 나빠 마음뿐이지 이뤄지는게 없다.

2. 운세의 전망

만나는 사람마다 딴소리 뿐이고 집안 식구들 까지도 알아주질 안게 돼. 지극히 참고 견뎌보면 시간이 열쇠를 줄터… 마음의 여유를 길러야…

3. 주의 할 점

성급한 변동은 금물… 성급한 행동은 삼가야… 창업이나 변업은 실패를 자초하기 쉬워.

4. 소망과 재수

단기적인 승부는 없다. 하늘이 복을 내려 줄거라는 마음가

짐으로 느긋하게 기다려야. 가을부터 봄까지 조금은 운이 열려… 토끼날 범날 돈 3장 들어오겠지만 액수가 너무적어…

5. 이해관계

아주 불리하다. 손해만 없다면 천행으로 여겨야… 도둑의 뒤에 강도가 따라붙는 수.

6. 계절과 때

가을의 9월과 10월. 돼지나 개의 오행에 해당하는 1, 7, 5의 년월일과 시간…

7. 건강 관계

머리는 뜨겁고 밑은 차거운 혈행부조의 병에 유의. 상초에서 기인된 병인데 주로 신경성이다.

8. 소식의 시기

양날과 개날은 서신이나 전화 있겠고, 말날과 쥐날에는 명예와 관계되는 소식이 있겠다. 그리 달갑지 않은 소식들 뿐…

9. 어떤사람

고집쟁이 맺고 끊는 성질이 있는 사람. 높은 이에게는 아부 아랫사람은 굴복을… 고위직에 머물고 있는 사람. 노인, 장자, 인기인, 공무원이나 공직자.

10. 계절과 날씨

침울해 보이는 하늘. 얼음이 얼고, 서리등이 내리는 날씨. 여름이면 기상 이변의 냉해 상태가…

11. 어떤 지역

서북쪽 서울과 같은 대도시. 주로 명승 고적들이 많은 곳이고, 유람객이 많은 지역.

12. 어떤 집

서북향으로 지어진 관공서나 터미널, 역사 같은 집. 윗쪽은

좁고 아래는 둥근 것.

13. 어떤 물건

암사자, 호랑이, 코끼리, 지게차, 포크레인, 우인찌 같은 것이거나 금, 은, 진주, 산호, 비취류의 보석들. 왕관, 경대, 샹들리에 같은것들…

14. 집안 운수

식구들 마음이 서로 달라 화목을 되찾아 보려면 이사를 해 보는 게 상책.

15. 결혼과 애정 관계

연애도 안되고 중매도 안된다. 도무지 혼처가 나타나 주질 않는다. 어쩌다가 알게 된 사람과의 연인 관계. 말뿐이지 진실성이 없어…

16. 어떤 음식

말고기, 닭갈비 맛이 떫더름하고 새콤한것. 별로 맛은 없다.

17. 출산 관계

산모를 서북향으로 앉게하라. 유산이 염려된다. 북쪽에 위치한 병의원을 찾아가거나 남편의 협력이 있으면 무사… 아들이다.

18. 교역 관계

사업에 의욕만 있으면 무얼하나, 도무지 이뤄질 기미조차 보이질 않겠으니 조금만 더참고 기다려 보라.

19. 출행과 여행

교통수단을 이용하지 않는 여행은 무방하겠지만 기차나 항공기 선박 따위의 여행에는 고생만 자초하게 돼.

20. 재판 관계

두번의 재판이 예상된다. 9월달의 개날에나 끝나겠는데 패소도 아니고 승소도 아닌 기각이 예상.

21. 묘자리

손좌건향인데 천혈이 마땅하다. 건룡의 기맥이 흐르는곳. 가을이면 좋고, 여름이면 나쁜자리.

22. 어떤 성씨

아하토와 사자차가 들어가는 성씨(소, 정, 차, 장, 정, 안, 한, 우, 오, 윤씨등…)이다.

23. 대학시험

인문계라면 남쪽이 유리한데, 두 번의 도전이… 예상점수 255점.

21괘 ䷥
택천쾌 (澤天快)

신검잠사 후폐가방 (神劍斬巳 後幣可防)

1. 현재의 운세

천하에 신검으로 뱀꼬리를 자른것과 같다. 윗사람이라도 밀쳐버리고 그자리로 올라가 보려는 운세이니 하극상이 분명한 수다.

2. 운세의 전망

자기 과신에 차있는 행동이 나타나기 쉬워진다. 무모한 행동을 감행하다 오히려 실패를 자초 할수도… 뜻밖의 재난을 불러들일 소지가 염려 돼.

3. 주의 할 점

칼을 든자는 살기가 등등하게 마련. 쓸데없는 뱃장 노름에 자중지란을 자초하게 될 수도…

4. 소망과 재수

불리하다. 중도에 좌절을 맛볼 수도… 여인의 협조 있으면

좋아질 수. 3월과6월과 9월과 12월의 운수는 대통이다. 동짓
달이나 쥐날, 쥐시, 돼지날, 돼지시에는 돈 들어온다.

5. 이해관계

아주 불리하다. 손해만 없다면 천행으로 여겨라… 내가 도
둑이 아니라면 상대가 도둑이다.

6. 계절과 때

용, 양, 개, 소등의 달과 날짜와 시간 그리고 미(未)자와
신(申)자가 되는 일진과 시간. 오늘의 8시 1시 2시에 해당.

7. 건강 관계

자기 자신이 알 수 없는 병증. 간질병이나 정신이상 일 수
도… 서쪽의 병의원 찾아가면 좋은 결과가…

8. 소식의 시기

뱀날과 말날은 서신이나 전화가 있고, 범날과 토끼날은 명
예에 관계되는 소식이 있겠다. 먼저는 웃고 나중에는 울 일이
…

9. 어떤사람

늙어 결혼을 한 자. 나이 어린 소녀. 고집이 아주세고 변덕
이 죽끓듯하는 조석변심자나 말이 많은 사람.

10. 계절과 날씨

구름이 잔뜩 낀 다음에 비가… 비구름과 뇌성벽력도 오락가
락 하는 일기불순.

11. 어떤 지역

서남쪽의 평지나 절벽이 가로막힌 험악한 지역일 수도… 사
람이 별로없어…

12. 어떤 집

서남향으로 지어진 작은 집이거나, 버려져 있는 창고 같은

집. 집뒤에 우물이나 연못이…

13. 어떤 물건

옹기그릇. 구겨진 포목이나 버리기 직전의 무용지물. 암말이나 독사, 악어, 땅벌, 딸딸이, 화물차, 샤벨 같은 것들.

14. 집안 운수

밤마다 꿈이 어지럽고 대낮에도 무시무시하게 느껴진다. 환자가 끊이질 않겠으니 이사를 하는게 좋을 듯. 우환이 잦게 돼. 낭비가 심한 운수.

15. 결혼과 애정 관계

결혼은 나중이고 호텔 여관 찾아들어 아들 먼저 갖게될 수. 빼도박도 못할 혼인 후회할일 생기겠다. 정략적인 사기결혼을 조심해야…

16. 어떤 음식

쇠고기, 지역특산품, 한물간 음식이기 쉬워…

17. 출산 관계

난산이나 유산의 징후가 산모를 서남향으로 눕게 하거나 그쪽의 병의원을 찾아가면 좋은 결과가 있어 무사할터…

18. 교역 관계

사업에 의욕만 있으면 무얼하나 상품의 시세가 갑자기 하락할 조짐이 있다. 조금만 더참고 해(亥)자 일까지 기다려 보라.

19. 출행과 여행

교통수단을 이용하지 않는 여행은 무방하겠지만 기차나 항공기 선박 따위의 여행에는 놀랄일이…

20. 재판 관계

집안 사람들 끼리의 분쟁에 의한 재판이다. 6월달 양날에

무마되겠다. 소송이 아닌 기각 예상…

21. 묘자리

간좌곤향인데 혈은 서남이고 산이 악산이라서 지대가 험악한 지역이다. 나쁜자리.

22. 어떤 성씨

아하토가 들어가는 성씨(안, 한, 우, 오, 윤씨등…)이다.

23. 대학시험

남쪽이면 인문계가 유리하다. 예상점수 220점.

22괘 ䷹
태위택(兌爲澤)
천강우택 만물시생(天降雨澤 萬物始生)

1. 현재의 운세
때 맞춰 내린 비가 마른 호수를 채운듯 하다. 서로 기쁜 즐거움이… 친목회나 모임 같은 곳을 찾아 세상에 태어난 보람 같은 걸 느껴볼 일…

2. 운세의 전망
너무 신이나 웃고 떠들다 입씨름이 벌어지기 쉬워. 직업이 PR맨이면 돈 벌일. 쓸데없는 잡담패설에 도취되면 구설수 끼어들 수.

3. 주의 할 점
웃음속에 독끼가 들어 있을지도 모를 상대방의 마음을 헤아려야… 웃는 친절이 상대의 진심은 아닐지도.

4. 소망과 재수
불리하다. 될듯 하다가 좌절을… 입으로 떠벌여 먹고 사는 사람은 이뤄질 수. 정월과 2월은 동쪽에 재물이⋯ 여름의 4, 5월은 돈 쓸 일이⋯ 범날과 토끼날은 돈 들어올 수.

5. 이해관계

돈이 차츰 들어오겠다. 이익과 재물은 얻지만 구설이 염려 돼. 말로만 주고 받기쉬운 결과에 조심을⋯

6. 계절과 때

가을의 닭달 닭날 닭의 시간. 2, 4, 9의 수에 해당하는 달과 날, 그리고 오늘의 15시~19시 사이와 金에 해당하는 년월일시.

7. 건강 관계

상한 음식 조심을⋯ 식중독이 염려돼⋯ 폐나 기관지 계통의 질환인데 입이 헐고 가슴에 열이 차는 증세와 목구멍에 가래가 말라붙는 증세등⋯

8. 소식의 시기

소날과 양날은 서신이나 전화가 있겠고 범날과 토끼날은 재물 관계, 말날과 뱀날은 명예와 관계있는 소식이⋯

9. 어떤사람

언제나 기쁜듯한 웃음을 활짝 머금고 있는 소녀나 복술가. 예술 예능인 또는 직업 세일즈맨 그리고 첩, 가수, 도사⋯

10. 계절과 날씨

흐린 다음에 비가⋯ 초승달이⋯ 새벽 하늘의 별, 구름에 가린 달을 볼 수 있어 ⋯

11. 어떤 지역

서쪽 방향 하천이나 호수 근처 깍여져나간 산이 있거나 복개공사 같은것을 벌리고 있는곳⋯

12. 어떤 집

서향으로 지어진 집인데 담장이 허물어져 있거나 집앞에 연못이나 웅덩이가…

13. 어떤 물건

금속제품 악기, 폐물, 양, 연못 가운데에 있는 설치물, 염소, 소, 꾀꼬리, 앵무새, 닭.

14. 집안 운수

봄과 가을은 운수가 좋고 여름의 4, 5월엔 구설수를 조심. 겨울의 해자월엔 자손 경사가…

15. 결혼과 애정 관계

초혼은 불길하고 재혼은 길… 유부남 바람. 밀회하다 문제있는 연애결혼으로 소문깨나 나게될 수.

16. 어떤 음식

양고기, 닭고기, 물오리고기, 쓰고 맵고 싸~한 맛이 나는 음식.

17. 출산 관계

산모의 몸을 북쪽으로 두게하거나 북쪽의 병의원을 찾아가면 좋아. 딸을 생산하겠는데 발육부진 일수도…

18. 교역 관계

매점매석을 일삼는 경쟁자 때문에 물품 시세가 억제당하고 있어 시비가 예상.

19. 출행과 여행

교통편에 문제가 생겨 필요 이상의 경비가… 기차나 항공기 선박 따위의 여행에는 여자로 인한 구설이나 시비가…

20. 재판 관계

토지나 가옥등의 문서상으로 벌어지기 쉬운 소송. 가을의 토끼날 합의가 이뤄질 수. 변호사의 이율 배반성에 주의를…

21. 묘자리

묘좌 유향인데 오래 된 무덤을 폐한자리. 혈처에서 물이나는 수맥이 통과 한 나쁜 자리.

22. 어떤 성씨

사자차가 들어가는 성씨(최, 장, 성, 송, 서, 소, 장 씨등…)이다.

23. 대학시험

대학시험 이공계라면 몰라도 인문계면 힘들어. 동쪽이 유리. 예상점수 220점.

23괘

택화혁(澤火革)

표변위호 거구종신(豹變爲虎 巨舊從新)

1. 현재의 운세

표범이 호랑이로 변한 상. 묵은 것을 버리고 새로운 것을 취하려는 개혁을 시도해 보려는 상… 힘찬 변혁에 과감해야 할때…

2. 운세의 전망

너무 낡았다. 뭔가 바꿔 봐야 할 때. 제도가 낡았으면 새것으로… 직장에 실증을 느꼈다면 직업을 바꿔보고 묵은 것들은 분연히 털어 내 버려야 할 때.

3. 주의 할 점

너무 믿었던 동지의 변심에 주의를… 급변 급화에 휘말리기 쉽겠고 전열기기나 보일러 개스등에 주의를…

4. 소망과 재수

새롭게 변신 해 보고픈 일에는 성공 하지만 또한번의 변수가 작용할 수. 4월과 5월은 남쪽에서 횡재수가… 10월과 11월엔 돈

쓸 일이… 뱀날과 말날은 돈 들어 오는 날.

5. 이해관계

엄청난 투기나 도박에 손대면 실패수가… 정당한 사업에 변혁을 시도해야. 동업을 시도해도 좋을 터.

6. 계절과 때

겨울의 11월과 쥐날, 쥐시, 돼지날, 돼지시, 오늘밤 9시~12시까지의 사이와 6, 2, 3의 숫자에 해당하는 水의 오행에 해당하는 것.

7. 건강 관계

귀병, 신장병, 위장병, 정신신경 계통의 질환으로 병의원을 찾을 일이. 동쪽에 있는 병의원 찾아가면 좋은 결과가…

8. 소식의 시기

잣나비날과 닭날은 편지나 전화가 있겠고 용날 개날 양날 소날은 명예나 직장에 관한 변동의 소식을 듣게 돼.

9. 어떤사람

둘째아들. 뱃사람, 도적, 향리나 고향친구. 못난 사람들. 남의 험담을 좋아하는 비겁한 스타일의 사람이기 쉬워.

10. 계절과 날씨

흐린 다음에 비가… 초승달이… 새벽 하늘의 별. 구름에 가려진 달을 볼 수 있어.

11. 어떤 지역

북쪽방향 하천이나 개울이 인접해 있거나 복개 지역 일수도…

12. 어떤 집

북향으로 지어진 집. 비어홀, 카페, 스탠드바, 싸롱 같은 술집이거나 차를 파는 다방.

13. 어떤 물건

고기 잡는 어망, 술잔, 바퀴가 달린 물건. 사용이 불가능한 물건들… 활어 물고기류 멧돼지 맹수.

14. 집안 운수

봄과 여름에는 재운이 형통하고 봄에는 자손경사. 겨울에는 실물이나 도적을 조심…

15. 결혼과 애정 관계

초혼은 실패하고 재혼은 길… 아차하다 유부남 바람. 밀회수가… 연애결혼.

16. 어떤 음식

물고기, 술, 돼지고기, 냉면, 산해진미. 새콤한 음식등.

17. 출산 관계

산모의 몸을 북쪽으로 뉘게 하거나 북쪽의 병의원을 찾아가면 좋아. 아들을 생산하겠는데 난산이기 쉬워. 산후병에 주의를…

18. 교역 관계

불리하다. 운송도중에 변질의 염려가… 무역인 경우에는 크레임이 걸릴 수도. 먼저와 다음이 달라질 수 있는 상황을 조심할 것.

19. 출행과 여행

교통편에 문제가 있어 중도에서 목적지가 달라질 수도… 항공기 선박 따위의 여행중에 여자 문제가 생길 수도…

20. 재판 관계

여자나 문서상의 재판인데 불리해. 시간을 끌면서 대처해 나가면 유리해 질 수도… 동북쪽의 변호사 기용하면 덕을 볼 수…

21. 묘자리

병좌임향인데 강줄기를 끼고 뻗어나온 혈처… 광중에서 물이 나올 염려가… 나쁜자리.

22. 어떤 성씨
마바파가 들어가는 성씨(박, 배, 문, 변, 모, 민 씨등…)이다.
23. 대학시험
북쪽이나 서남쪽이 유리한데 경쟁이 문제. 예상점수 240점.

24괘 ䷐

택뢰수(澤雷隨)

하우중천 밀운불우(霞雨中天 密雲不雨)

1. 현재의 운세

적극적인 자기 주관일변도 보다는 남의 의사를 따르는게 좋아. 무리한 활동이 전개된 시기 보다 알찬 발전을 기대 해 봄직.

2. 운세의 전망

남을 능가해 보겠다는 생각을 버리고 남의 말에 따라야 하겠으나 그리 나쁜 운세는 아니다. 약간의 속임수에 조심을…

3. 주의 할 점

자기과신에 들떠있게 되면 하던 일도 깨져 버릴수가 있으니 조심… 남들의 감언이설에 속지 말라. 여자의 꼬임수에 남자 망신이 염려.

4. 소망과 재수

남의 힘을 빌리는 일이면 성공. 금전 융통수가 있겠고 봄에는 재수가 좋고 가을에는 나빠… 동북이나 서남방이 횡재방. 봄의 3

개월은 좋은 운수… 소날과 양날 용날 개날은 돈 들어올 일이…

5. 이해관계

엄청난 투기나 도박에 손대면 실패수가… 정당한 사업에만 변혁을 시도해야… 동업을 시도해도 좋아…

6. 계절과 때

봄의 정월 2월 3월. 범날이나 토끼시와 오늘 아침의 3시~9시까지 사이와 4, 2, 8의 숫자에 해당하는 木의 오행에 해당 되는 것.

7. 건강 관계

입이 헐거나 붓는병, 발의 병, 간기능 약화 등으로 인해 병원을 찾을 일이. 남쪽의 병의원 찾아가면 좋은 결과가…

8. 소식의 시기

쥐날과 돼지날은 편지나 전화가 있겠고, 잔나비날과 닭날에는 직장관계나 명예에 관계되는 소식 들어…

9. 어떤사람

놀라기를 잘하고 우수적인데가 있고 화를 자주 내곤 하는 사람. 큰아들, 대리인, 무용가, 가수, 법정대리인, 집단 운영체의 부회장 등…

10. 계절과 날씨

우뢰를 동반하면서 쏟아지는 비가 오다 갠 다음에는 아주 맑아지는 날씨.

11. 어떤 지역

동쪽인데 연못이나 호수가 있고 수목이 울창한 두번째 골목.

12. 어떤 집

산림이 우거진 숲속에 있는 허름한 누각이나 묘각이다.

13. 어떤 물건

주로 타악기, 나무로 만든 것인데 부서진 것들. 나무나 대나무 화초등. 머리를 다친 용이나 뱀등…

14. 집안 운수

사계에 해당하는 진술축미 달은 재운이 형통하고 여름에는 자손 경사. 겨울에는 문서득리나 이사 변동수가… 가을철엔 놀랄일이…

15. 결혼과 애정 관계

명문가의 작은딸과 장남이 한쌍으로 어울리기 쉬워. 두 여자에 한 남자가 삼각관계로 애태울 터. 연애결혼 문제있어… 집안의 반대 때문에…

16. 어떤 음식

야채, 사라다, 돼지고기, 생선류, 산해진미. 새콤하면서도 떫떠름한 음식들…

17. 출산 관계

산모의 몸을 남쪽으로 두게 하거나 남쪽의 병의원을 찾으면 좋아. 난산에 도움이 되겠다. 딸을 낳을수… 산후병에 신경 써야.

18. 교역 관계

목재나 종이, 출판물, 인쇄물, 청과류등에 이득 있어. 금속제품이나 화공제품은 불리… 농수산관계나 전자장비 같은것은 상관없어.

19. 출행과 여행

해외 나들이나 국내여행 같은것 모두 좋아. 단 교통수단의 선택에 따라 약간의 놀랄 일이. 여행중에 알게될 두 여자를 조심해야…

20. 재판 관계

여자나 재산상의 재판이 되겠는데 이기고도 진 결과가 나올

수. 이혼소송은 하나마나 또다시 살아야될 인연… 변호사를 기용
하면 얻은것 이상의 손해가…

21. 묘자리

유좌묘향(酉坐卯香)인데 산림이 우거진 산줄기의 중간지점에
위치한 혈처. 여름이면 좋으나 가을이면 우환과 소송이 그치지
않을 자리…

22. 어떤 성씨

가카가 들어가는 목성(김, 강, 고, 권, 기, 구, 곽씨 등…)

23. 대학시험

서쪽이 유리하겠고 돈을 쓰면 합격 돼. 예상점수 210점.

25괘
택풍대과 (澤風大過)

응극세거 수류상거 (應剋世居 水流上去)

1. 현재의 운세

모든 일에 정도가 지나쳐 있는 상태. 자기 스스로는 수습의 방안을 찾지 못한 채 망서리고 있을 때 상대에게 밀어부침을 당하는 불리한 일이 연속될 수.

2. 운세의 전망

하고 있는 모든 일이 힘에겨워 기진맥진한 상태. 그러나 중단할 수 조차 없어…

3. 주의 할 점

주객이 전도 될 일이 벌어져 하극상의 일이 생겨 날지도… 신중한 처신이 기사회생의 묘안. 여자의 극성에도 참아내야…

4. 소망과 재수

지금은 때가 아니기 때문에 매사가 힘만 들어… 심신의 안전과 건강관리에 신경을 쓰고난 다음에 재도전을 시도해 볼것. 봄의 3

개월은 조금 났겠으나 가을에는 무척 나빠. 들어올 돈은 송곳인
데 써야할 곳은 나팔이다.

5. 이해관계

돈많은 여인을 이용하려 하면 큰코 다쳐. 자금의 고갈 때문에
사업상의 운영은 물론 생활비 압박까지 받게될 판.

6. 계절과 때

봄의 정월, 2월, 3월, 돼지날, 돼지시. 오늘밤 9시~12시까지
사이와 4, 2의 숫자에 해당하는 목의 오행에 해당 하는것.

7. 건강 관계

신경성 위장병 또는 중풍 반신불수나 두통등. 남쪽 방향의 병
의원을 찾아가야 효험 있어…

8. 소식의 시기

쥐날과 돼지날은 편지나 전화가 있겠고, 잣나비날과 닭날에는
직장관계나 명예에 관계되는 소식 듣겠지만 신통치 않은 것들만
…

9. 어떤사람

잘 떠들고 화를 잘 내는 장남인데 이중인격의 소유자이거나,
사지가 주욱 늘어져 맥아리가 하나도 없어 보이는 자.

10. 계절과 날씨

우뢰를 동반한 엄청난 태풍이 몰아치는 상태의 겨울에는 폭설
이 예상.

11. 어떤 지역

동쪽인데 아주 무질서한 상권이 형성되어 있는 지역. 찔레꽃
나무나 가시덤불이 우거져 있는 지역.

12. 어떤 집

동향으로 지어진 누각. 아랫편으로 문이 나 있는 다락집 일수

도…
13. 어떤 물건
쓸곳이 별로 없는 물건들… 용이나 독사, 땅벌,불개미 같은 것들…
14. 집안 운수
사월과 오월에는 이사수가… 가을에는 사고나 관재 때문에 놀랄 일이… 겨울에는 약간의 안정을 되찾을 듯…
15. 결혼과 애정 관계
두 여자가 한 남자를 따라 다니지만 남자 편에서는 결혼의 계획마저 세우기 힘들어… 연애결혼 문제있어, 가정의 불화 때문에 …
16. 어떤 음식
야채, 돼지고기, 양고기, 구미가 당기지도 않을 정도로 아주 맛없는 음식.
17. 출산 관계
쌍둥이가 출산될런지도… 난산이기 쉽겠으니 산모를 남쪽으로 눕게 하거나 남쪽의 병의원을 찾으면 큰일은 없겠으나 산후의 뒷처리가 문제…
18. 교역 관계
매사가 때를 잃었다. 재고품은 정리해 버리는게 상책. 시일을 끌면 끌수록 손해… 부동산과 관계되는 일이면 상관없어…
19. 출행과 여행
해외 나들이나 국내여행등 모두 나빠… 지금 세운 계획은 철회해 버리는게 덕이 될 터. 여자와 관계되는 일이라면 더욱 나빠.
20. 재판 관계
여자나 재산분쟁이기 쉬운데 봄에는 유리한듯 하다가 가을에는 패소. 쓸데없는 고집으로 재심 상고를 해봤자 재산상의 낭비만…

21. 묘자리

유좌묘향(酉坐卯香)인데 산림이 우거진 산줄기의 중간에 위치한 혈처. 자리가 별로이기 때문에 다른 곳을 골라보라.

22. 어떤 성씨

가카가 들어가는 목성(김, 강, 고, 권, 기, 구, 관 씨등…)

23. 대학시험

서쪽이면 경쟁에 이겨. 예상점수 220점.

26괘 ䷌
택수곤(澤水困)
동중무수 수구수기(洞中無水 守舊守己)

1. 현재의 운세

우물은 파 놨으나 먹을 물이 고이지 않는 격. 모든일이 마음에 세워 둔 뜻과는 같지못해 몸과 마음이 번거롭고 피곤한 운세라서 답답한 일만 생겨날 수.

2. 운세의 전망

운수가 비색하니 믿었던 친구 마저 내편이 되어주지 않고 자기는 고통을 받아 가면서도 오히려 남을 돕게 되지만 알아주지를 않아 괴로워 할 수.

3. 주의 할 점

남을 앞지르려 하지말고 자기에게 주어진 환경을 보다 알차게 가꿔 나갈수있는 신념을 굳혀나가야 할 때.

4. 소망과 재수

소망을 가져보는것 조차 무리 아직은 때가 아니기 때문에··· 들어올 돈은 감감인데 쓸곳만 생겨나… 그래도 봄의 2월과 3월은 조금 낳겠으나 여름과 겨울에는 노심초사 한숨만 쉬고있다. 버릇 될라.

5. 이해관계

돈 돈 해가면서 돈 벌 일만 찾아 나섰다 지치기에 꼭 알맞겠다. 값싼 물건의 사재기에 열 올려도 손해만 /

6. 계절과 때

가을의 8월과 닭달과 닭날과 오늘의 오후 3시~5시까지와 2, 2, 6의 숫자에 해당하는 금의 오행에 해당하는것.

7. 건강 관계

무주무량 자랑하다 술병얻기 꼭 알맞아. 간담허약 황달기와 기관지와 천식병이 염려되고 정신질환 신경 쓰여.

8. 소식의 시기

양날과 소날에는 편지나 전화가 있겠고 말날과 뱀날에는 직장 관계나 명예에 관계되는 소식 듣게 되겠지만 신통치가 않은것들 …

9. 어떤사람

유모어가 풍부해 남을 잘 웃기는 사람이지만 흉 보기를 좋아해 쓸모 없는사람. 막내 딸이나 첩, 떠벌이, 장사치, 돌팔이 의사나 무당같은 사람.

10. 계절과 날씨

억수같은 소나기가 퍼부어대는 날씨. 이즈러진 초생달이 보이겠는데 구름 속에…

11. 어떤 지역

서쪽인데 호수나 강이 있는 지역… 무너진 산이 보이거나 메워버린 우물이 있는 지역 일수도.

12. 어떤 집

웅덩이를 메운 지역에다 서향으로 지은 집. 제아무리 좋은 집이라해도 환자가 끊이지 않은 집.

13. 어떤 물건

쇠부치로 만들어진 것들. 별로 쓸모가 없는 폐품이거나 녹슨 칼이나 병기 같은 것과 양이나 소. 연못 속에 사는것들. 거머리, 왕거미, 말라리아 모기 같은 것들.

14. 집안 운수

사월과 오월에는 이사수가… 가택에 말썽이 생겨 곤란해질 일이. 겨울에는 자손 때문에 신경 쓸 일이.

15. 결혼과 애정 관계

여자는 뱃장인데 남자혼자 좋아하다 울화병이… 걸맞지 않은 가정 환경 때문에 힘들어… 임신이 되지 않은 상태의 결혼은 어려워…

16. 어떤 음식

양고기, 고양이고기. 새콤달콤한 막걸리나 청주, 복어요리나 상한 음식.

17. 출산 관계

산모의 몸을 서쪽으로 눕거나 앉게 하고 서쪽의 병의원을 찾아가면 유산이 되더라도 산모의 생명만은 무사. 산후처리에는 문제가…

18. 교역 관계

때를 잃었다. 날로 떨어지는 시세. 제아무리 이익을 남기고 싶어도 밑질 수. 부동산이면 보류해야…

19. 출행과 여행

해외 나들이나 국내여행 모두 나빠. 지금 세운 계획은 철회하는게 오히려 득이 돼. 뱃길 여행은 생명이 위험…

20. 재판 관계

환금성이 나쁜 거래관계의 대금청구이기 쉬운데 상대가 나를 무시하고 있기 때문에 시간과 경제력이 문제…

21. 묘자리

묘좌유향(卯坐酉向)인데 혈중에 물이 들거나 수맥이 통한 자리. 수변에 위치한 혈처. 오래된 묵묘의 자리일수도…

22. 어떤 성씨

사자차 자가 들어가는 금성(성, 차, 정, 최, 조, 안, 주씨등…)

23. 대학시험

예체능계가 유리한데, 남쪽방향이 유리. 예상점수 240점.

27괘

택산함(澤山咸)

산택통기 지성감신(山澤通氣 至誠感神)

1. 현재의 운세

정성이 지극하면 신도 감동해 도와 줄 운세. 정직하고 성실한 사람이면 반드시 복을 내려 줄거라는 지극히 성스러운 운세…

2. 운세의 전망

진심은 진심으로 통하기 때문에 타인들의 호의에 의해 매사가 순조롭게 이루어질 계기… 하늘에 기도하는 마음 가짐으로 일에 임해 나가면 성공이…

3. 주의 할 점

헛된 욕망은 모처럼 얻은 기회를 헛되게 할 수도… 주어진 기회를 활용 할 줄 아는 지혜가 필요한 때.

4. 소망과 재수

희망을 가져 보라. 남들이 힘껏 도와 줄 것이다. 믿을만한 친구나 지기를 찾아 협조를 구해보면 반드시 도와줄 것이다. 10월과 1, 2월은 재운이 형통. 동방이나 북쪽방향이 소원을 이룰 방향…

5. 이해관계

너무 지나친 욕심은 오히려 손재수가… 자기의 처지에 합당한 이를 구하면 반드시 성공…

6. 계절과 때

가을의 8월. 닭달, 닭날, 닭시. 오늘 오후 15시~17시까지 와 2, 2, 7의 숫자에 해당하는 금의 오행에 해당하는 것.

7. 건강 관계

과로는 피해야만 기관지나 폐의 질환에 걸리지 않겠고 정신 신경계의 질환을 모면해…

8. 소식의 시기

양날과 용날에는 편지나 전화가 있겠고 말날과 뱀날에는 직장 관계나 명예에 관계되는 기쁜 소식이…

9. 어떤사람

너무 웃고 좋아하는 허풍쟁이. 둘째딸, 첩, 무당의 스승. 코미디언이나 개그맨인데 별로 알아주지 않는 비인기인.

10. 계절과 날씨

잔뜩 찌뿌리고 있는 상태, 간간히 흐리면서 비가 내리고 난 다음에나 초생달이.

11. 어떤 지역

서쪽인데 산의 꼭대기에 호수나 폭포수가 있는 지역… 산사태가 난것처럼 보이는 약수터가 있는 지역.

12. 어떤 집

서향집. 담장이 허물어진 저택. 집 뒷편에 강줄기가 가까운 집. 살기가 조금은 불편한 곳.

13. 어떤 물건

날이 무딘 칼. 쓰기에 불편한것… 양(羊). 못가운데 있는 물건들. 우리에 가둬 놓은 것들. 어항이나 활어통 같은곳에 가둬놓은 생선 같은 것들.

14. 집안 운수

이웃 때문에 구설수가 따르기 쉬워. 오월달에 관청문제로 신경 쓸 일이…

15. 결혼과 애정 관계

아주 좋은 연분. 결혼식은 나중이고 호텔 여관 찾아가서 임신부터 하기쉬워. 약간의 애로를 겪고 난 다음에야 합혼…

16. 어떤 음식

양고기, 말고기, 아주 매운음식. 매콤한 매운탕, 물고기류의 요리 같은것들.

17. 출산 관계

산모의 몸을 서쪽으로 눕게 하거나 앉게 하고 서쪽의 병의원을 찾아가면 딸을 낳겠으나 산모가 너무 지칠 염려가…

18. 교역 관계

문화와 관계되는 영화나 종교 문학 연예와 관계되는 것이면 큰 이득이… 부동산이라면 대지나 가옥보다 산지가 유리…

19. 출행과 여행

해외 나들이나 국내여행 모두 좋아. 신혼 여행이나 여인 동반의 여행은 구설수가 염려. 뱃길 여행은 고생 많아…

20. 재판 관계

집안 끼리의 재판인데 유리하다. 시일을 끌지않고 곧바로 끝나. 개날이나 개달에…

21. 묘자리

묘좌유향(卯坐酉向)인데 혈중에 물이 들거나 수맥이 통한 자리. 구묘를 옮겨간 파장자리 일수도…

22. 어떤 성씨

사자차가 들어가는 금성(성, 차, 정, 최, 조, 안, 주씨등…)

23. 대학시험

인문계면 남쪽이 유리하다. 엉뚱한 경쟁자가 문제돼. 예상점수 295점.

28괘 택지췌(澤地萃)

어룡상안 여수추거(魚龍常安 如水推車)

1. 현재의 운세

개천은 내를 이루고 내는 강을 이뤄 물줄기가 바다에서 서로 만나는 상. 지금의 번영은 하늘과 조상에게 바친 정성에 감읍할 줄 알아야 한다는 운세.

2. 운세의 전망

사람들이 많이 모여 흥청대는 축제 분위기. 일가나 친척 그리고 지기등이 서로 돕고 밀어주는 아주 좋은 때를 만나 대운으로 전개될 조짐이…

3. 주의할 점

많은 사람이 모이다 보면 필요 이상의 분쟁이나 언쟁 같은게 생겨날 수도… 사소한 일에 신경쓸 필요 없이 자기가 해야할 일이나 묵묵히…

4. 소망과 재수

신념을 가져보라. 남들이 힘껏 도와줄 것이다. 믿을만한 친구나 지기의 도움이 있을 것이다. 여자가 끼어들면 호사다마. 1, 2월은 재운이 형통, 동방재물. 서쪽은 소원을 이룰 방향 토끼날과 범날은 돈 들어오는 날.

5. 이해관계

약간의 투기성 있는 사업으로 이를 보게돼. 봄과 가을은 크게 이롭고 여름은 별로인데, 겨울은 그런대로…

6. 계절과 때

가을의 8월. 닭달, 닭날, 닭시. 오늘 오후 15시~17시까지와 2, 2, 8의 숫자에 해당하는 금의 오행에 해당하는 것.

7. 건강 관계

심장과 소장에서 열이 나는증에 주의를… 식중독 소화불량. 인후과적인 것도 신경쓰여… 북쪽의 병의원 찾아가면 효험 있어.

8. 소식의 시기

양날과 소날에는 편지나 전화가 있겠고, 말날과 뱀날에는 직장이나 명예에 관계되는 반가운 소식이…

9. 어떤사람

너무 좋아 웃는 희열을 느끼다 구설수에 말려들기 쉬운 둘째딸, 첩, 연예인중에서는 가수(歌手). 스님이나 종교인 등이다.

10. 계절과 날씨

잔뜩 찌뿌리고 흐린 다음 비가온다. 만월 또는 초생달이나 새벽녘에 떠오른 샛별을 볼 수 있어.

11. 어떤 지역

서쪽인데 연못이 있는곳 또는 우물을 메꾼 자리거나 웅덩이 같은곳.

12. 어떤 집

서향집 못가에 있는 집 남들의 축복이 깃든 집이다. 살기가 조금은 불편해.

13. 어떤 물건

금속으로 만든 제품. 칼날, 악기, 풍물, 미풍양속을 선양할 수 있는 기물들… 양이나 못 가운데 있는 물건들…

14. 집안 운수

아주 유복한 가정, 말을 조심해야 여자나 돈때문에 신경 쓰일 일이.

15. 결혼과 애정 관계

남자는 안달인데 여자는 꽁무니를 빼며 잘 만나 주지도 않아 괴롭겠다. 선배나 부모 또는 은사의 힘을 빌면 성사 가능…

16. 어떤 음식

아주 매운음식, 매운탕, 물고기류의 요리와 양고기나 축제음식 이다.

17. 출산 관계

산모의 몸을 서쪽으로 눕게 하거나 앉게 하고 서쪽의 병의원을 찾아가면 예쁜 딸을 순산 할수…

18. 교역 관계

시세가 자꾸만 올라 막상막하의 경쟁자가 있겠으나 내가 더 유리, 부동산이라면 대지나 가옥이 산지보다 더 유리…

19. 출행과 여행

해외 나들이나 국내여행 모두 즐겁겠다. 서쪽 방향의 여행에 더욱 좋은 일이… 뱃길 여행은 고생…

20. 재판 관계

형제나 친구 관계에서 생겨난 재산상의 재판이기 쉬워. 가급적 이면 화해가 상책. 기어코 송사를 일으키면 예상보다 시끄러워…

21. 묘자리

묘좌유향(卯坐酉向)인데 혈중에 물이 들었거나 물과 가까운 자
리 이기 쉬워. 혹은 오래 묵은 구묘 자리일 수도…

22. 어떤 성씨

사자차가 들어가는 금성(성, 차, 정, 최, 조, 안, 주씨등…)

23. 대학시험

인문계면 남쪽이 경쟁을 이기는 방향. 인문계 예상점수 280점.

31괘 ☲☰
화천대유(火天大有)
금옥만당 일려중천(金玉滿堂 日麗中天)

1. 현재의 운세

보다 많고 큰것을 가진다는 운세. 한낮의 태양처럼 밝게 빛날 상황이 전개되어질 상 때아닌 풍년 만나 많은 곡식을 창고에 가득 쌓아 놓은 농부의 마음과 같은 운세…

2. 운세의 전망

모든 계획이나 사업전망 모두가 밝아… 자기의 능력이 허락하는한 자기 실력을 한껏 과시해 보일때.

3. 주의할 점

눈앞에 다가온 호황이 영원할 것이라는 생각으로 잘못 방심을 하다간 역경을 부를수도… 매사에 기밀유지가 성공의 열쇠.

4. 소망과 재수

남 부끄럽지 않을 소망이라면 성공. 그러나 비밀을 요하는 사업이면 실패수가… 정월과 2월과 겨울철의 재수는 형통… 재물운은 동방이나 북쪽방향이 소원을 이룰 방향…

5. 이해관계

이가 많다 금은 보화가 많이 생기겠는데 공공의 기관에서 득이 있다. 여름철이라면 불리…

6. 계절과 때

가을의 9월, 10월. 개, 돼지달과 날. 오늘 오후 19시~21시까지와 1, 3, 1의 숫자에 해당하는 금의 오행에 해당하는 년월일시.

7. 건강 관계

머리와 얼굴, 폐질환 및 고혈압이나 근육통 및 상부에 해당하는 질병… 주로 여름의 3개월이 나빠…

8. 소식의 시기

양날과 용날, 개날, 소날에는 문서상의 계약과 관계되는 소식이 있겠고, 돼지날과 쥐날은 자손관계, 그리고 말날과 뱀날에는 명예나 직장과 관계되는 기쁜 소식이… 가출자는 용날이나 개날에 돌아와.

9. 어떤사람

의리와 도덕을 소중히 여기면서 과단성은 있지만 어쩐지 마음이 나약한데가 있는 노인이나 고관 또는 문인, 장자, 명인, 저명인사 등이다.

10. 계절과 날씨

쾌청한 가을날씨. 계절에 따라 어름이 얼거나 이슬 또는 서리.

11. 어떤 지역

서북쪽인데 서울과 같은 대도시인데, 명승 고적들이 많은 고지대. 기상관측소나 전망대 또는 안테나 같은것이 설치되어 있는 지역.

12. 어떤 집

서북향 집인데 규모가 아주 큰 궁전이나 누각 또는 고층 건물이나 청사.

13. 어떤 물건

금이나 은 또는 나무로 깎아 만든 모형 과일, 관 또는 거울…말, 꿩, 사자, 코끼리 또는 학 등…

14. 집안 운수

봄과 가을에는 재운이 형통. 5월과 6월에는 약간의 관사. 겨울의 3개월은 자손 경사.

15. 결혼과 애정 관계

아주 좋은 연분. 명문가와 인연 있어… 여자쪽에서 더 서두르기 쉬워. 연애중이면 결혼보다 동거가 먼저…

16. 어떤 음식

맛이 담백하면서 약간 새콤한 진미인데 간이나 허파요리 마른 건포 등이다.

17. 출산 관계

산모의 몸을 서북쪽이나 북쪽으로 눕게하고 그 방향의 병의원을 찾아가면 좋겠고 아들을 낳겠지만 산후가 염려…

18. 교역 관계

첨단기술을 요하는 기계류나 부품들을 취급하면 좋아. 그러나 여름철이면 별 무소득. 부동산의 경우에는 가옥보다 산지가 더 유리…

19. 출행과 여행

해외 나들이나 국내여행 모두 좋아. 은사나 손위의 어른들을 모시고 서북쪽의 여행은 아주 좋아 배를 이용하는 것보다는 항공편을…

20. 재판 관계

정부의 시책 같은것에 불만이 있는 행정 소송 같은것. 자신의 처지에 걸맞는 것이면 9월달에 승소하지만 여름철이면 패소.

21. 묘자리

손좌건향(巽坐乾向)인데 건산의 기를 받는 혈처. 가을이면 귀한 인물들이 배출될 자리지만 여름이면 집안에서 환자가 떠날날이 없을 자리.

22. 어떤 성씨

사자차가 들어가는 금성(성 차 장 최 조 심씨등)이다.

23. 대학시험

인문계면 남쪽이 유리하다. 예상점수 250점.

32괘 ䷟

화택규(火澤睽)

맹호출림 이녀동거(猛虎出林 二女同居)

1. 현재의 운세

호랑이가 여우의 잔꾀에 말려든상. 한가지 일에 몰두하지 못해 두 갈래 세 갈래로 일을 벌여 놓을려는 운세. 필요 이상의 사람들이 들끓어 마음만 들뜨게 해.

2. 운세의 전망

첩첩 산중에 은거중이던 호랑이 한 마리가 숲속을 빠져 나와 한꺼번에 두 마리의 암컷을 희롱하는 수라서, 여자로 인한 고난과 역경을 면할수. 없는 실수는 범하지 말아야.

3. 주의할 점

남을 믿으면 믿은것 이상의 실패수가. 사람을 함부로 잘못 사귀어 얻은것 보다 잃은것이 더 많을수가 있겠으니 신중을 기해야 …

4. 소망과 재수

나의 의지는 철석 같은데 어쩐지 방해자가 너무 많아 이루기가
힘이들어. 겨울철의 재수는 약간 봄철의 재수는 아주 **나빠.** 재물
운이 길한 방향은 북쪽 방향. 적은 소원이 이뤄질터…

5. 이해관계

힘껏 뛰어 보았자 헛수고, 이뤄질것 같으면서도 되지않는 것도
운수소관. 필요이상의 경비는 줄여가며 다음기회에…

6. 계절과 때

12월달. 소달이나 소날. 오늘 새벽 1~2시 사이까지와 7, 3, 2
의 숫자에 해당하는 화, 토의 오행에 해당하는 년월일시.

7. 건강 관계

손이나 발. 지라의 병, 위장병 등… 속이 메스꺼우면서 소화가
잘 되지 않고 손발이 저리면서 뻣뻣해진 증세에 주의를…

8. 소식의 시기

말날과 뱀날에는 문서상의 계약관계에 소식이 있겠고 범날과
토끼날에는 직장이나 명예에 관계되는 것. 별로 신통치는 않아…

9. 어떤사람

한 남자에 두 여자가 함께 살고 있는 사람. 서로 싸우는 사람
들. 작은 아들이나 작은 딸이다. 한가한듯 하지만 바쁘기만해.
마음의 변화가 심한 사람.

10. 계절과 날씨

잔뜩 흐리거나 비가온 다음에 맑아지는 날씨.

11. 어떤 지역

동북쪽인데 산성이 있는 산의 중허리 근처거나 구릉지대 또는
공원묘지 같은것이 있는 지역.

12. 어떤 집

동북향의 집인데 그 집의 앞쪽으로는 교통량이 아주 많은 도로

가 인접해 있다.

13. 어떤 물건

골재에 사용할 수 있는 모래, 자갈, 경치돌 또는 흙과 같은것. 개, 호랑이, 쥐, 다람쥐, 고양이 같은 것들…

14. 집안 운수

봄과 가을에는 집안이 어수선해질 일이 있겠고 가족들의 의견이 서로 달라 잘돼 나갈 일마저 깨어질 수.

15. 결혼과 애정 관계

한 남자에 두 여자요, 한 여자에 두 남자가 삼각관계로 결혼까진 힘들겠다. 연인의 사이라면 임신이 먼저인 여자와 동거부터 시작할수…

16. 어떤 음식

지역 특성에 따라 저마다 다르다는 토산음식. 주로 야채나 산짐승의 고기. 맛이 담백하면서도 매운것.

17. 출산 관계

산모의 몸을 서쪽이나 서북쪽으로 눕게 하거나 앉게 하고 그 방향의 병의원을 찾아가면 좋겠고 딸인데 쌍둥이를 난산하기 쉬워…

18. 교역 관계

이루기가 힘들어… 상품의 시세는 잠시 올라 가지만 시기 포착이 어려워. 밑지기가 쉬워. 부동산은 남향의 평지이면 그런대로 …

19. 출행과 여행

해외 나들이나 국내여행 모두 취소해 버리는게 좋아… 이를 어기고 출행을 강행하면 교통사고나 항공기의 추락사고 같은게 염려돼…

20. 재판 관계

그만둬 버리는게 상책. 제아무리 정당한 것이라 할지라도 돈만 쓰고 이기진 못해. 참고 화해하는게 이기는 길…

21. 묘자리

곤좌간향인데 첩첩 산중에 위치해 있는 혈처. 땅속에서 암반이 나 바위가 깔린 등성이기 쉽다.

22. 어떤 성씨

아하자가 들어가는 토성(이, 안, 오, 우, 한, 홍씨등)이다.

23. 대학시험

이공계면 동쪽이나 서쪽이 유리. 예상점수 230점.

33괘
리위화(離爲火)

비조재망 대붕당천(飛鳥在網 大鵬堂天)

1. 현재의 운세

새그물에 걸려든 새의 형상. 큰 새라면 그물을 뚫고 나가지겠지만 작은 새는 요지부동인 상. 일을 벌여 놓아 보았자 90%의 실패가 예견되는 운세라서 중구난방격. 태양처럼 너무 강한 운세이기 때문.

2. 운세의 전망

날고 싶어도 날아보지 못할 붕새의 입장이라면 어찌 하겠는가? 마음의 불은 이미 지펴져 있는데 여건이 허락하지 않으니 참으로 안타까울 뿐…

3. 주의 할 점

태양과 같은 광명이 눈앞에 다가오고 있으므로 불의와 타협하지 않는 일이 성공의 기반을 다져주지 않겠는가? 사람을 함부로 사귀어 마음의 아픔을 겪게될 일은 적극 삼가야…

4. 소망과 재수

문물을 밝히는 사업이면 전망 밝아… 인쇄, 출판, 영화, 연극 같은 것들… 여름의 재수는 좋고 봄철의 재수는 그런대로. 가을 철의 재수는 서방이 유리하고 적은 것은 못이루지만 큰 것이라면 이뤄져… 닭날과 원숭이날 돈 들어와…

5. 이해관계

힘껏 뛰어 보았자 다람쥐 쳇바퀴 돌리기. 문학, 화학, 창작, 발명과 같은 것에 이득 있어 통상적인 것은 마음만 피곤하기 쉬 워…

6. 계절과 때

여름의 오월달과 말날이나 뱀날 그리고 오늘의 오전 9시~오후 1시 사이와 7, 3, 2의 숫자에 해당하는 화가 되는 오행에 해당하 는 년월일시들…

7. 건강 관계

눈병, 심장의 열, 맹장염등으로 고생을 할 수도… 마음이 안정 되면 있던 병도 물러날 수.

8. 소식의 시기

범날과 토끼날에는 문서상의 계약과 관련있는 소식이 있겠고 쥐날과 돼지날에는 직장이나 명예에 관계되는 것이지만 신통치가 않은 것들…

9. 어떤사람

머리가 아주 총명한 글쟁이. 가운데딸 시인이나 묵객 또는 뱃 심이 아주 좋은 화학 기사나 열관리 기사… 용접공, 제련, 주조 공이나 대장쟁이…

10. 계절과 날씨

햇볕이 쨍쨍 내려 쪼이는 폭염의 날씨. 아주 쾌청하게 맑음.

11. 어떤 지역

남쪽인데 강물마저 메말라 버린 극심한 건조지역. 중화학 단지나 제련소, 주물 공장 써치라이트를 설치해 놓은 경기장이나 공항 등.

12. 어떤 집

남향집인데 햇볕이 잘드는 양명지택. 사람이 살고 있지 않은 붉은 기와나 벽돌집.

13. 어떤 물건

불, 용광로, 조명기구, 문서, 화학기구, 비행기. 꿩, 자라, 하늘을 날 수 있는 것들…

14. 집안 운수

봄과 여름에는 집안일이 조금은 풀리는듯 하다가 가을과 겨울에는 어수선해져… 저마다 다른 생각들을 하고 있는 가족들의 의견충돌 때문에…

15. 결혼과 애정 관계

너무 이상적인 사람들끼리 서로 좋아는 하지만 만나기만 하면 티격태격 하게돼. 하룻밤의 풋사랑 정도가 고작…

16. 어떤 음식

꿩튀김, 불고기, 날새고기, 지지고 볶아 수분이 별로 없는 음식. 당근, 사과, 고추 등. 속이 아주 매콤한 음식들.

17. 출산 관계

산모의 몸을 서남쪽으로 두게하면 순산인데 딸 쌍둥이기가 쉬워. 서남방의 병의원을 찾아도 좋아…

18. 교역 관계

광열자재나 전자, 전기 제품의 대량교역은 가능하지만 소규모의 것이면 밑지기 쉽상. 부동산이면 남향의 평지와 바꾸면 그런대로…

19. 출행과 여행

항공수단을 이용한 해외 나들이나 국내여행 모두 좋으나 사업적인 것은 좋지않고 관광이 목적이면 좋아. 항공기의 추락사고가 염려…

20. 재판 관계

그두는게 상책. 제아무리 정당한 것이라 할지라도 시일만 끌기 쉬워. 지나친 경비 지출이 예상돼. 쌍방 합의만이 최상의 방법.

21. 묘자리

자좌오향인데 나무가 별로 없는 마사지역. 여름에는 문인이 나올 자리지만 겨울이면 질병과 고난이 연속되기 쉬운자리…

22. 어떤 성씨

라다타가 들어가는 화성(림 유 노 남 내 태 씨등)이다.

23. 대학시험

북쪽이 경쟁율을 이기는 방향. 예상점수 210점.

34괘 ䷔

화뇌서합(火雷噬嗑)

일중위시 이주유물(日中爲市 頤中有物)

1. 현재의 운세

입안에 사탕을 물고 있는 상이다. 입이 있어도 말을 할 수 없어. 말보다는 실천을 해야 후환 없어 남이야 뭐라 하던 자기에게 주어진 사명만 진력해 나가면 성공은 필연적.

2. 운세의 전망

주위 사람들의 기분을 상해줄 일이 많을터… 참는 자에는 복이 있다던가 스스로 인내하는 미덕을 길러 무리 가운데에서 성공의 기틀을…

3. 주의 할 점

서로간의 오해는 시간문제. 한 알의 콩알도 때에 따라 인정을 받을 수도… 적은 인심으로 환심을 사둘 것.

4. 소망과 재수

훼방꾼들이 많아 시일이 걸릴터. 양날과 용날 목돈이 생기는 날. 누가 뭐라하던 재운은 열려 있어. 3월과 6월달엔 횡재수가⋯ 동남쪽이나 서남방의 도시 지역으로 움직여 볼것.

5. 이해관계

이가 많다. 흥행업같은 것에 삼배의 이익이⋯ 증권이나 카드사업 같은것도 좋지만 말조심을⋯

6. 계절과 때

봄의 3월과 4월. 용이나 뱀달, 용날, 뱀날. 오늘은 오전 7시〜11시 사이와 2, 5, 8의 숫자에 해당하는 손괘의 년월일시.

7. 건강 관계

머리와 얼굴 폐질환.고혈압이나 근육통 및 상부에 해당하는 질병인데 주로 가을의 3개월이 나빠.

8. 소식의 시기

쥐날과 돼지날은 문서상의 계약건에 관한 소식 있겠고 잣나비날이나 닭날은 명예나 직장과 관계되는 기쁜소식 들어⋯

9. 어떤사람

유화한 사람이지만 너무 이기적인게 흠. 가수나 무희. 흥행업을 하는 사람 큰딸이나 억센 과부나 산속에 은거해 살고 있는 도사 등.

10. 계절과 날씨

세찬 바람이 부는 날씨. 번개나 뇌성이 동반할 수도⋯

11. 어떤 지역

동남쪽인데 절이나 교회 또는 사원같은 집. 가수나 무희등을 기용하여 쇼를 벌여 가며 영업을 하는 유흥업소 같은 곳.

12. 어떤 집

동남향인데 화원 또는 아름다운 꽃밭이 있거나 아주 무성한 초목이 우거진 지역.

13. 어떤 물건

대나무를 이용해 만든 죽세공품. 목향, 밧줄, 길다랗게 생긴 물건. 닭, 꿩, 산짐승, 곤충, 개미, 꿀벌 같은 것들.

14. 집안 운수

사계에는 재수가 좋고 여름과 가을에는 신경쓰일 일들이… 집의 인근에 시장이 있어 살기가 번거로운 집.

15. 결혼과 애정 관계

처음에는 힘들듯 하다가 결국에는 이뤄지지만 몸이 달은건 남자인데, 여자는 나 몰라라. 두 여자 중에 한 여자를 골라야 할판.

16. 어떤 음식

닭고기나 산나물. 야채로 만든 사라다나 야채 안주 같은 것들.

17. 출산 관계

산모의 몸을 동남쪽이나 남쪽으로 눕거나 앉게 하고 그 방향의 병의원을 찾아가면 좋겠고 가을이면 딸을 낳을 수.

18. 교역 관계

목재제품 및 토산품이나 요업제품 같은 것이 유리. 전기나 전자제품의 취급도 괜찮아… 사월과 여름철에는 이가 많아… 부동산 계통은 밭이나 산지가 좋을터…

19. 출행과 여행

동남쪽의 여행인데 상당한 어려움이… 항공기여행 보다 육로교통을 이용하는 편이 안전.

20. 재판 관계

처음에는 어렵게 진행되지만 점차 유리해져. 12월에나 끝날수. 많은 돈을 쓰고난 다음에야 승소가…

21. 묘자리

건좌손향인 산림이 울창한 수림지역의 혈처에 자리를 잡게돼.

사월에 쓰게되면 땅 부자가 나올것이고, 사오월에 쓰게 되면 자손이 흥왕할 자리.

22. 어떤 성씨

가카자가 들어가는 목이 오행인 성씨들(강, 권, 고, 구, 김, 길, 곽 씨 등).

23. 대학시험

서쪽이 유리한데 돈 쓸 일이… 예상점수 185점.

35괘 ䷱
화풍정(火風鼎)

조화정명 거구종신(凋和鼎明 去舊縱新)

1. 현재의 운세

솥 안에 물을 붓고 음식을 끓여 먹으려는 상이고, 옛것은 버리고 새것을 도모해 볼 운세… 지금 현재는 상당히 동요돼 있는 상태… 지키느냐 빼앗기냐로 고심중… 자기 혼자의 힘으로 밀어 부치기 보다 세 사람이면 더욱 좋아…

2. 운세의 전망

솥의 발은 세 개 그 중에서 한 개라도 부러지는 일이 없게 해야… 어차피 벌여 놓은 사업이라면 배신이나 이탈을 방지해 둬야만 성공이…

3. 주의 할 점

남을 믿으면 믿는것 만큼의 진실이 필요한 법. 시기나 질투는 절대 금물… 성급한 처신보다 황소처럼 느린 전진이 오히려 탄탄대로…

4. 소망과 재수

문서상의 계약에 의해 남들과의 협조 체제를 만들어 나가면 이뤄져… 자기 혼자만의 이권을 생각하면 반드시 실패가… 닭날과 잣나비 날은 재수가 대통. 서쪽의 재물에 인연…

5. 이해관계

수입은 그런대로 좋은것도 같은데 욕심이 차지 않아… 유가증권이나 문서상의 이익이…

6. 계절과 때

여름의 5월달. 말해, 말달, 말날, 말시. 3, 2, 7월과 오늘의 오전 11시 부터 오후 1시에 해당하는 손쾌의 오행에 해당되는 것들.

7. 건강 관계

머리의 병을 조심하라. 몸의 윗쪽에서는 열이나고 아랫도리에서는 냉기가. 열이 위쪽으로 상승하여 상성 하허의 눈병이나 고혈압 두통에, 조심을…

8. 소식의 시기

쥐날과 돼지날은 명예상의 소식있겠고 닭날과 잣나비의 날은 재물. 쥐날과 돼지날에는 직장에 관계되는 것이지만 변동적인 것이기 쉬워…

9. 어떤사람

성질이 아주 급하지만 머리가 좋아 글을 잘쓰는 가운데 딸이나 목욕탕을 경영하는 사람. 글을 쓰는 글쟁이나 눈병을 앓고 있는 사람…

10. 계절과 날씨

비가 오고난 다음에야 맑아져… 뇌성이 있거나 무지개나 노을이 비친 날씨.

11. 어떤 지역

남쪽인데 온천지대 이거나 제철, 주물 공장등이 있는 지역. 전자단지 같은곳 일수도.

12. 어떤 집

남향으로 지어진 집. 엿공장, 제과공장, 중화학단지 부근. 집 앞에 연못이나 개울이…

13. 어떤 물건

밥솥(무쇠솥) 화로나 용광로. 습기가 없이 잘 건조된 붉은색의 물건들. 물속에서 살고있는 자라나 거북이 계나 공중을 날 수 있거나 물속에 살고 있는 것들.

14. 집안 운수

봄 여름의 운세는 좋은편. 사월달에는 이사 수. 까스나 전기를 조심해야 화재수를 면해…

15. 결혼과 애정 관계

한 남자에 두 여자가 서로 좋아하다 두 여자가 한 집안에 함께 살 수… 둘째딸과의 결혼 인연. 여름은 나쁘고 겨울이면 불리…

16. 어떤 음식

맛이 매콤한 매운탕. 불고기, 등심구이, 머리고기, 마른고기, 버섯요리 같은 것들.

17. 출산 관계

산모의 몸을 서남쪽으로 눕게 하거나 앉게 하고 그 방향의 병의원을 찾아가면 좋아… 첫번째면 아들이고 두번째 출산이면 딸.

18. 교역 관계

유리하게 전개될 수. 상품 시세는 보합세이나 문서상의 것이면 아주 좋아… 부동산과 관계되는 것이라면 남향의 평지가 유리.

19. 출행과 여행

해외 나들이나 국내여행 모두 좋아. 여러사람이 함께 동행하겠다. 여행중에 여자가 끼어들면 골치거리.

20. 재판 관계

그만두는게 상책. 제아무리 정당한 사건일지라도 돈만쓰고 이기지 못해… 참고 화해하는 것이 우선. 그러나 2인이 함께 협조하면 유리.

21. 묘자리

자좌오향인데 나무가 별로 없는 잡초지역. 여름이면 문인이 나오겠고 겨울이면 집안에서 우환이 떠나주질 않게돼.

22. 어떤 성씨

라다타가 들어가는 화성(남, 노, 림, 당, 동, 두, 태씨 등)이다.

23. 대학시험

인문계면 북쪽 방향이 경쟁을 이기는 방향. 예상점수 250점.

36괘 화수미제(火水未濟)

갈해구주 우생희생(渴海求珠 憂生喜生)

1. 현재의 운세

바다에 뛰어 들어 구슬을 구하려 하고 있다. 아직은 때가 일러 울고 싶을 정도. 조금만 더 기다려 보면 반드시 웃을 일이. 현재는 상당한 고뇌가 있게 마련.

2. 운세의 전망

세상만사 때가 있는법. 자기에게 주어진 여건이 미숙한 지금은 크게 일을 벌릴 수 없어… 서로 말할수 없는 꿍꿍이가 있기 때문.

3. 주의 할 점

남을 너무 믿고 성급한 결단을 내렸다 하면 후회해… 두 번만 더 심사숙고 해보기를…

4. 소망과 재수

뛰는 토끼보다 기어가는 거북이처럼 아주 느린 속도로 이뤄질터… 혼자만의 성급은 소용없어… 반드시 실패수가, 말날과 뱀날에는 모망이… 닭날과 잣나비 날은 돈줄이 트여 질터…

5. 이해관계

나와 상대방의 심산이 서로 달라 겉으로는 동지인듯 해 보이지만 속셈으로는 너는 죽지만 나는 살아야겠다는 심산이… 도서 출판 문서등에는 이득이…

6. 계절과 때

여름의 5월달. 말해, 말달, 말날, 말시. 3, 2, 7월과 오늘의 오전 11부터 오후 1시에 해당하는 손괘의 목(木)오행이 되는 날.

7. 건강 관계

심장에서 열이 나는증 신부전증과 눈 또는 신경성 소화불량이나 고혈압 같은게 있으나 호전의 기미가 있는병 서쪽의 병의원을 찾아가면 좋아…

8. 소식의 시기

범날과 토기날은 문서상의 소식이 오겠고 쥐날과 돼지날은 명예나 직장에 관계되는 것이지만 지금 곧 결정될만한 소식은 아니겠으니 좀더 기다려야…

9. 어떤사람

머리가 아주 좋고 재주가 있는 둘째딸. 혹은 글쓰는 사람. 사리가 아주 분명한 뱃심좋은 사람등인데 마음의 안정을 찾지못해 들떠 있는 상태.

10. 계절과 날씨

맑은 다음에 비가 내릴 조짐이… 번개도 번득이고 비가 오고난 다음에는 오색 영롱한 무지개나 저녁 노을을 볼 수 있어…

11. 어떤 지역

남향인데 전망이 아주 좋고 밝은 지역. 수력이나 화력발전소.

전자나 화공단지등이 있는 지역.

12. 어떤 집

아주 따사롭고 아늑해 보이는 남향집인데 앞에는 조그마한 개울을 끼고 있는 밝은 집.

13. 어떤 물건

각종 서적이나 불, 화학제품 또는 아직까지 잘 알려져 있지 않은 발명품 같은 것들. 꿩, 자라, 거북, 비둘기, 도마뱀, 악어 따위와 학, 비둘기 같은 것들.

14. 집안 운수

봄, 여름의 운세는 그런대로 좋은편. 9월달에는 이사수가… 개스나 전기 또는 수해를 조심 대체적으로는 편안한 편.

15. 결혼과 애정 관계

남녀 친구끼리 어울어져 한 남자에 두 여자가 서로 좋다 하지만 결혼까진 문제가 많아. 겨울에나 결판날터… 둘째딸이나 아들이면 성공 가능.

16. 어떤 음식

고추가루를 듬뿍 가미한 매운탕이나 꿩조림, 쇠고기지찜 같은 것들. 맛이 제법 그럴싸 한 것.

17. 출산 관계

산모의 몸을 서남쪽으로 눕게 하거나 앉게 하고 그 방향의 병의원을 찾아가면 좋아. 첫번째면 아들이고 두번째의 출산이면 딸인데 아주 예쁜 아이를…

18. 교역 관계

이뤄져… 상품 시세가 자꾸만 떨어지다 상승세로 역전될 기미가… 그러나 아직은 때가 아니니 시간을 벌어야. 부동산이면 양지바른 쪽이 유리…

19. 출행과 여행

해외 나들이건 국내여행이건 장기여행은 불리… 단시일을 요하는 계약관계나 서류 정리같은 것을 위한 여행은 상관없어…

20. 재판 관계

그만두는게 상책. 쌍방의 주장들이 너무 팽팽해 50%의 승산밖에 없겠으니 화해가 상책일듯. 변호인을 기용하면 상대편을 돕고 말아…

21. 묘자리

자좌오향이나 병좌임향인데 울창한 수목이 우거져 있는 수림지역의 혈처. 여름이면 문인이 배출될 자리.

22. 어떤 성씨

라다타가 들어가는 화성(남, 노, 림, 당, 동, 두, 태씨 등)이다.

23. 대학시험

북쪽으로 가면 가까스로 경쟁에서 이겨. 예상점수 250점.

37괘 ䷷

화산여(火山旅)

소조분소 우생희생(小鳥焚巢 憂生喜生)

1. 현재의 운세

자그마한 새 한 마리가 둥지를 태워먹어 앉을 자리를 찾지못해 우짓고 있는 운세. 앉을 자리를 찾아 떠나야 할 주거의 변동이 있는운. 정처없이 떠나가는 여행길 일수도…

2. 운세의 전망

자기가 지켜나가야할 자리마저 지켜내지 못한채 새로운 직장을 찾아 나서야 하는 고독한 상태. 여행가나 방랑인은 오히려 좋을 수도…

3. 주의 할 점

고압개스나 유류 취급엔 절대주의. 믿었던 사람들의 배신에 후회없는 처신을…

4. 소망과 재수

집을 잃은 까치가 하루아침에 집을 지을수는 없듯이 서서히 운이 열려 큰것은 이룰수 없으나 적은것은 이뤄질 수. 닭날과 잣나비날은 돈이 들어와 지는날 자손으로 인한 것일 수도…

5. 이해관계

상대방과 내가 약속했던 일들이 흐지부지 해지기 쉽겠다. 서로 다른 견해차이 때문에… 증권 같은 것에서 약간의 이익이…

6. 계절과 때

여름의 5월달. 말해, 말달, 말날, 말시 3, 3, 7일과 오늘의 오전 9시부터 오후 1시에 해당하는 오행에 해당하는 시기.

7. 건강 관계

삼초에서 열이 나는병. 가슴이 답답하고 눈이 침침해 지는 증세. 얼굴이 붉어지면서 가슴이 답답할수도… 서남쪽의 병의원을 찾아가면 호전가능…

8. 소식의 시기

범날과 토끼날은 문서상의 소식있고 쥐날과 돼지날은 명예나 직장에 관계되는 것으로 그리 신통한것은 아닐터…

9. 어떤사람

글재주가 아주 좋은 문학가나 필생 또는 재인. 둘째 딸이거나 글쟁이 인데, 뱃심이 상당히 좋은편 방랑인 예술인 일수도.

10. 계절과 날씨

맑은 다음에 비가 오면 번개가… 비가 오고난 다음에는 오색 영롱한 무지개나 저녁 노을이…

11. 어떤 지역

아주 따사롭고 아늑해 보이는 남쪽을 향한 지역. 전기, 전자, 화공, 화학단지 들이 밀집되어 있는 곳이나 공항 근처.

12. 어떤 집

남향인데 전망이 아주 좋고 밝은 집. 사람이 살지 않고 비어있어.

13. 어떤 물건

서적이나 불, 화학제품 또는 붉은색을 띤 건물이나 언덕위에 세워져 있는 건조물. 자라, 거북, 게들처럼 서식지가 비교적 불안한 것들…

14. 집안 운수

봄부터 가을까지는 고전이 따르겠고 겨울부터 안정의 기미가 화재수는 벌때 조심… 봄철에는 자손의 경사가…

15. 결혼과 애정 관계

결혼은 나중이고 아들먼저 낳겠지만 오래지 않아 이별의 블루스나 불러야 할판 돈이 없는게 원인일터…

16. 어떤 음식

꿩요리, 불고기, 건포 등인데 아주 뜨겁고 매콤한 음식이다. 맛보다는 색깔만 찬란한것.

17. 출산 관계

산모의 몸을 동남쪽으로 눕게하거나 앉게하고 그 방향의 병의원을 찾아가면 좋아… 첫번째면 아들.

18. 교역 관계

상품의 시세가 자꾸 떨어지며 상승 기미는 희박… 유가증권이나 수표 같은 것이면 더욱 주의를. 부동산이면 비탈진 언덕이 유리.

19. 출행과 여행

해외 나들이건 국내여행이건 여행은 좋아… 계약 관계나 문서 정리 같은 것을 하기 위해서라면 약간의 고전이…

20. 재판 관계

그만두거나 연기해 두는게 유리. 변호사에게 위임해 버리면 승산은 없겠으나 패소만은 면해.

21. 묘자리

자좌우향(子坐午向)인데 나무가 하나도 없는 마사지역이기 쉬워. 봄이면 자손이 유리한 땅.

22. 어떤 성씨

라다타가 들어가는 화성(남, 노, 림, 당, 동, 두, 태씨 등)이다.

23. 대학시험

인문계보다 이공계가 더 유리. 북쪽이면 좋다. 예상점수 220점.

38괘 화지진(火地晉)

용검장갑 이신군우(龍劍藏匣 以臣君遇)

1. 현재의 운세

갑속에 보검을 감춰둔채 쓸곳을 만나지 못해 애를 태우다가 임금의 부름을 받을 운세라서 묵은 것들을 툴툴 털어내 버리고 새로운 진로가 열려질 수.

2. 운세의 전망

아득한 지평선상에 찬란한 태양빛을 온누리에 비치면서 어두웠던 대지를 밝혀준 상태. 뜻밖에 높은 사람의 부름이 있어 영전이나 특진 또는 특채의 영광이 목전에…

3. 주의 할 점

나아가고 물러가는 데는 무리가 있을 수도. 갑자기 찾아든 행운에 너무 들떠있다가 누가 범해질 처신에 주의를…

4. 소망과 재수

반드시 이뤄져. 남의 도움으로 공직자의 승진이나 전직의 희망

도. 범날과 토끼날은 동쪽의 방향에서 돈이 들어오는 날. 장사꾼
은 관청재물이 들어올 수.

5. 이해관계

상대방과 내가 약속했던 일들이 생각했던것 보다 순조롭게 이
뤄질터. 금전적인것 보다는 직장이나 명예적인 것에 더 유리. 제
아무리 직책이 높은 사람일 지라도 찾아가면 성공이…

6. 계절과 때

가을의 9월과 10월. 돼지달, 돼지날과 개달, 개날과 오늘의 19
시~21시까지와 1, 3, 8이 되는 금 오행에 해당하는 것들.

7. 건강 관계

유행성 감기나 독감이다. 마음을 너무쓰고 과로에 지친 병이기
때문에 몇일만 편히 쉬면서 북쪽에서 약을 사다 먹으면 곧 나을
병.

8. 소식의 시기

뱀날과 말날은 직장이나 명예에 관한 소식이 있겠고 양날과 소
날에는 명예관계 및 시험 그리고 자격과 관계되는 아주 좋은 소
식이…

9. 어떤사람

성격이 아주 명랑. 전도가 유망한 사람으로 아버지 벌이 되는
노인이거나 어머니 같은 사람. 공직에 몸을 담고 있는 고관이거
나 거물급 인사.

10. 계절과 날씨

아주 온화하고 맑은 날씨… 영롱한 서기가 비춰지는 듯한 상쾌
한 기분을 느낄수 있어…

11. 어떤 지역

서북쪽인데 조금 높은지대 이거나 시원하게 트인 평원이 펼쳐

진 평야지역… 연화공장이나 요업로가 있는 도예지 일수도…

12. 어떤 집

서북향인데 전망이 아주 좋고 규모가 상당히 크면서 높다랗게 지어진 집이거나 관청의 청사.

13. 어떤 물건

금이나 은으로 만든 네모난 물건. 값비싼 보석으로 장식된 금관이나 거울. 암말이나 학, 비둘기, 사자, 코끼리, 제비, 까치 같은 조수류들.

14. 집안 운수

봄에는 재운이 형통하고 여름에는 사방에 이름을 드날릴 일이. 가을에는 형제나 친구간에 경사가…

15. 결혼과 애정 관계

자기가 생각했던것 보다 좋은 인연 맺어져. 직장의 상사나 고위 공직자의 알선으로 연애 보다는 중매가…

16. 어떤 음식

새콤 달콤한 맛이나는 음식이나 소고기, 양고기 요리. 살짝 데치거나 구워낸 꼬치. 안주나 산적 같은 것과 산해진미.

17. 출산 관계

산모의 몸을 서북으로 두게 하거나 앉게 하고 그 방향의 병의원을 찾아가면 좋아 귀히될 아들을 순산.

18. 교역 관계

시세가 자꾸 올라가 정부나 관계 당국의 시책에 의해 보호 받을수 있는 이권 이상의 재미를… 부동산이나 유가증권 모두 좋아.

19. 출행과 여행

서두를수록 좋아. 육로나 해상 그리고 항공편 모두 좋아. 외교

관계나 오파관계 같은 것이면 더욱 좋아.

20. 재판 관계

내가 먼저 착수하면 해결이 빨라져. 양심 있는 재판관을 만나 개달이나 개날에 승소.

21. 묘자리

손좌건향(巽座乾向)인데 햇볕이 아주 잘들고 양지바른 좋은 자리. 여름이면 공문에서 이름을 얻을 사람이 나올 자리.

22. 어떤 성씨

사자차가 들어가는 금성(장, 최, 서, 송, 심, 차, 정씨 등)이다.

23. 대학시험

남쪽이면 유리한데 경쟁이 문제. 예상점수 250점. 두번의 시험이 예상.

41괘

뇌천대장(雷天大壯)

저양촉번 선손후익(牴羊觸蕃 先損後益)

1. 현재의 운세

막 움이 터 오른 새싹을 양에게 뜯어먹힌 것처럼 먼저는 손해지만 나중에는 반드시 이익을 볼 운세라서 내일의 사업 번창을 위해 적자를 감수하더라도 과감한 투자가 필요한 시기.

2. 운세의 전망

하늘의 조화로 때로는 번개와 천둥, 그리고 비가 오기도 하겠지만 어쩐지 고르지 못한 날씨 탓에 농부의 애를 태운듯한 운수라서 자기의 주장에 연연한 처신은 금물이고 시류에 의한 상황판단에 순응해 나가야 할때.

3. 주의 할 점

용기와 기백을 너무 과시하면 백전백패를 자초할 수. 매사에 조심을…

4. 소망과 재수

처음에는 상당한 고전이 있겠지만 끝에 가서는 이뤄져. 큰소리치지 않으면서 조용한 가운데에 성공이. 쥐날과 돼지날은 북방에서의 재물이 들어올 수.

5. 이해관계

상대와 내가 약속했던 일이 생각보다 어렵게 풀릴 수. 금전보다는 문서나 계약관계로 해결할 일이. 어렵지만 참아두면 좋아.

6. 계절과 때

여름의 6월과 7월. 양달과 잣나비달과 오늘 오후의 13시~17시까지와 8, 4, 1이되는 토의 오행에 해당하는 것들.

7. 건강 관계

성격적으로 너무 조급한데가 있어 신경성 소화불량이나 간기능 약화증에 주의를. 서쪽의 의사나 약국을 찾으면 영험 있을터.

8. 소식의 시기

뱀날과 말날은 전화나 편지가… 토끼날과 범날에는 직장이나 면예에 관계되는 소식이… 별로 시원치는 않겠지만 다음 기회가 기약될 듯.

9. 어떤사람

선비거나 농부, 상인. 뱃심이 두둑하여 큰소리만 치는 늙은 이들. 별로 볼 일이 없는 사람인데 기고만장한 데가 있어.

10. 계절과 날씨

먹구름이 오락가락 하면서 뇌성과 천둥을 동반한 태풍이 부는 날씨이거나 회오리 바람이 있고 강풍이 부는 날씨.

11. 어떤 지역

서남쪽인데 전원이나 넓다란 들판이 있는 곳. 굴곡이 매우 심한 지역. 변전소나 방송국의 송수신 안테나나 기상레이다 같은 것이 있을 수도.

12. 어떤 집

서남향인데 창고같은 건물. 비교적 규모가 큰 것. 공항의 격납고 같은 것일 수도.

13. 어떤 물건

모양이 네모가 난 금속제품. 각종의 전기나 전자기구. 색깔이 붉거나 하얀 곡물류 씨앗이나 열매들. 암말, 소, 양, 개, 토끼, 땅벌 같은 것들.

14. 집안 운수

사계의 재수가 좀 나은 편이지만 집안이 불안할 수도. 이사를 하면 조금 나아. 가족들 끼리의 불화도 조심해야.

15. 결혼과 애정 관계

번갯불처럼 빨리 사귀었다 총알처럼 헤어지기 쉬워. 자기 주장만을 내세운게 탈이 될 듯. 자칫하다간 순결만 짓밟히기 쉬울수도.

16. 어떤 음식

맛이 담백하거나 달콤한 꿀, 사탕 또는 로얄제리 같은 것들.

17. 출산 관계

산모의 몸을 서북으로 두게 하거나 앉게 하고 그 방향의 병의원을 찾아가면 좋아. 아주 귀히될 아들 순산.

18. 교역 관계

시세가 자꾸 올라가. 정부나 관계당국의 시책으로 보호받을 수 있는 것 이상으로 재미 더욱 좋아. 부동산이나 유가증권 모두 좋아.

19. 출행과 여행

서두를수록 좋아. 육로나 해상 또는 항공편 모두 좋아. 외교관계나 오파 관계면 더욱 좋아.

20. 재판 관계

내가 먼저 밀고 나가면 해결이 빨라져. 양심있는 재판관이 만나져. 개달이나 개날에 승소 판결.

21. 묘자리

손좌건향인데 햇볕이 아주 잘 들고 양지바른 좋은 자리. 여름이면 공문에서 이름을 날릴 사람이 나올 자리.

22. 어떤 성씨

사자차가 들어가는 금성(장, 최, 서, 송, 심, 차, 정씨 등이다.)

23. 대학시험

방향은 동쪽이나 남쪽이 좋다. 예상점수 220점.

42괘 ☳☱

뇌택귀매(雷澤歸妹)

부운폐월 음양불교(浮雲幣月 陰陽不交)

1. 현재의 운세

구름이 달을 가려 음양이 서로 통하지 못한상. 양인 하늘과 음인 땅이 서로 화합하지 못한 운세라서 몹시 답답한 운세. 인화유대가 절실히 요구돼…

2. 운세의 전망

하늘과 땅이 조화를 이루지 못했다면 천지 사이에서 살아가는 인간들이 갈망하는 일인들 어찌 이뤄 지겠는가. 따라서 이 괘를 얻은 사람들의 운세 또한 어찌 이뤄 지겠는가. 너무 답답하고 분통 터질일만 골라가며 생겨나기 쉬워. 애만태울 일이 많아.

3. 주의 할 점

이성문제 때문에 골치가 아프거나 동업자간의 불화나 직장의 상하관계가 아주 불편해질 수.

4. 소망과 재수

서로의 주장이 엇갈려 이루기 힘들어… 특히 문서상인 것과 결혼이나 이성관계라면 더욱 나빠. 인묘지일에 돈이 들어올것 같은 약속이 있었을 지라도 그것을 믿었다간 낭패수가…

5. 이해관계

상대와 나 말고 또 한 사람이 끼어들거나 여자가 끼어들어 일이 아주 복잡 미묘해 질수. 얻고자 했던 이해관계는 아예 없었던 것으로 생각해 버리는게 상책.

6. 계절과 때

가을의 8월. 닭달과 닭날 그리고 오늘 오후의 17시~19시 사이와 2, 4, 12가 되는 금의 오행에 해당하는 것들.

7. 건강 관계

구내염 또는 인후병과 정신신경 계통의 질환이 염려돼. 북쪽 방향의 의사나 병의원 찾아가면 차도는 있으나 시일이 오래 걸려.

8. 소식의 시기

용날이나 양날에 전화나 편지가 있지만 신통한게 못돼. 뱀날과 말날에는 직장, 가계나 명예적인 소식 있지만 그리 신통한게 못되고 오히려 조심해야 할판. 가출자는 용날이나 소날 돌아와.

9. 어떤사람

겉보기에는 아주 그럴싸하지만 왠지 말이 너무 많고 남들에게 이간질을 하면서 주착을 떨어대는 막내딸이거나 첩 또는 가수나 무용가 고용인.

10. 계절과 날씨

먹구름이 잔뜩 끼거나 천둥을 동반한 변화무쌍한 날씨. 간간히 초생달이나 별빛이…

11. 어떤 지역

서남쪽인데 커다란 호수나 강을 끼고 있는 지역. 예전에 있었던 우물을 메운 자리이거나 산사태가 난 지역일수도. 기상관측소 같은것이 있을 수도.

12. 어떤 집

서남향인데 담장이 허물어져 있거나 아주 허름한 집. 비바람이나 폭풍우에 무너져 내릴 위험이 있겠으니 주의를…

13. 어떤 물건

금속제품이나 각종의 폐품들. 칼날, 기계류의 부품들 별로 쓸곳이 없는것들 양고기나 민물고기나 모기떼 같은 무용지물들.

14. 집안 운수

사계절의 재운에 막힘이 많고 이웃이나 친척간에 구설까지 분분해 심신이 피로해질 일들을 조심. 집을 크게 고칠 일이…

15. 결혼과 애정 관계

연애나 중매 모두 하나같이 오리무중. 될듯하다가는 깨져버리기 일쑤. 기혼자는 부부생활마저 언밸런스여서 가정불화에 의한 이혼수가…

16. 어떤 음식

민물고기, 양고기나 쇠고기. 맛이 새콤한 것이나 씁스름한 것들…

17. 출산 관계

산모의 몸을 서쪽으로 두게 하거나 앉게 하고 그 방향의 병의원을 찾아가면 딸을 순산.

18. 교역 관계

상품 선택이 잘못돼 손해수가 부동자산 처럼 시일을 요하는 장기적인 물건이 그런대로…

19. 출행과 여행

불리하다. 여행의 목적이 너무 퇴폐적이기 쉽기 때문에 여비가 모자라 고생이 많을수. 항공기나 선박 여행에는 낙뇌나 풍랑에 생명이 위태로울 수도…

20. 재판 관계

약속을 위반했거나 사기성이 있는 처신 때문에 제기되기 쉬운 재판인데 패소가…

21. 묘자리

서남향이 마땅한데 혈처에 물이들어 있기 쉬워. 봉분이 무너진 산소. 이장을 해야할 일이…

22. 어떤 성씨

사자차가 들어가는 금성(장, 최, 서, 송, 심, 차, 정씨 등)이다.

23. 대학시험

남쪽이면 유리한데 두 번의 지원이 있겠고, 실력보다 경쟁이 더 문제. 예상점수 265점.

43괘 ䷶

뇌화풍(雷火豊)

홍곡우풍 적수첨해(鴻鵠遇風 滴水添海)

1. 현재의 운세

나는 철새가 흘린 눈물이 바다를 적셔… 마땅치 못한 곳을
버리고 새로운 터전을 찾아나서면 풍요로운 새 세계가 열려질
거라는 암시가… 지금의 고통은 전환을 위한 시련일 뿐.

2. 운세의 전망

빛좋은 개살구 격일까. 실속은 별로 없는데 소문만 무성한
시기… 남들이야 뭐라하던 남의 시기나 원망을 살 일은 금물
… 겸양지덕을 쌓아 나가면서 새로운 전환점을 찾으면 보다
순탄한 앞길이…

3. 주의 할 점

생각보다 많은 노력이 필요한 일들이 눈앞에. 문서관리에
철저를…

4. 소망과 재수

남들이 알아준다 해서 실속이 있는것은 결코 아니라는 것을
명심하면 계약관계나 언론, 출판, 문화면에 대성의 기미가…
뱀날과 말날은 남쪽 재물 들어올 수. 닭날과 잣나비날은 문서
상의 이득이…

5. 이해관계

상대방과 내가 기약했던 일들이 생각보다 힘이 들어. 관청
을 상대한 일만 아니라면 오히려 이득이 아주 철저한 계약에
의한 것이라야 노력 이상의 댓가가…

6. 계절과 때

겨울의 11월인 쥐날. 그리고 오늘밤 11시 부터 다음날의 0
시사이 6, 4, 3이되는 오행에 해당한 것들…

7. 건강 관계

방광이나 비위의 허약증. 마음으로 얻어진 신경성 질환이
다. 너무 과로한 탓도 있겠으니 동쪽의 의사나 약국을 찾아가
보면 효험 있을터…

8. 소식의 시기

잣나비날과 닭날은 편지나 전화가… 개날과 소날은 직장이
나 명예적인 소식이… 그런대로 기대해 볼만한 소식이…

9. 어떤사람

투기성향이 아주 강한 전형적인 투기꾼이기 쉬워. 약간은
비굴한데도 있는 둘째아들 이거나 뱃사람. 목욕탕을 경영하는
사람이거나 도적일수도…

10. 계절과 날씨

비 또는 눈이 내리고난 후에 개인 날씨. 서리나 이슬이 내
릴수도.

11. 어떤 지역

북쪽인데 온천수가 나오는 지대. 강이나 호수가 인접해 있는 호반지역이거나 하수구가 통과하고 있는 지역일수도…

12. 어떤 집

북향으로 지어진 집인데 술이나 전기, 전자제품을 판매하는데 강이나 호수가 가깝거나 다방일수도…

13. 어떤 물건

모양이 약간 긴듯 하면서도 둥근 모양을 하고 있는 전자제품이나 그릇 또는 술잔이나 안주접시. 물가운데에서 사는 것들이나 멧돼지, 물고기류 등.

14. 집안 운수

봄철에는 자손때문에 신경쓸 일이… 가을과 겨울에는 문서상으로 좋은 일이 있게돼. 고부간의 갈등도 심화될 조짐있어…

15. 결혼과 애정 관계

부모의 승락 없는 연애가… 남자의 접근에 여자가 반해 결혼까지는 약간의 문제. 금전상의 선심 있으면 가능…

16. 어떤 음식

맛이 담백한 해물요리나 술. 돼지고기, 매운탕, 생선조림 같은것. 주로 바다나 호수 또는 육지에서 나는것들.

17. 출산 관계

산모의 몸을 동쪽으로 두게 하거나 앉게 하고 그 방향의 병의원을 찾아가면 좋아 딸을 낳게 되는데 난산의 기미가…

18. 교역 관계

상품의 시세가 자꾸 떨어질 수. 시기의 포착에 주의해야. 완벽한 계약 관계가 성립돼 있는 것이라면 상관없어. 부동산이나 유가증권은 모두 좋아.

19. 출행과 여행

원행은 하지 않는게 좋아. 항공기나 선박 여행은 사고의 염려… 특히나 범날이 위험.

20. 재판 관계

상대편에서 나를 도운 격이라 증거만 확실하게 해두면 승소. 매매와 관계되는 것이라면 두번의 송사가 벌어질수 12월이 종식의 시기.

21. 묘자리

자좌오향인데 햇볕이 잘들지 않는 음지인데 인근에는 호반이나 강줄기가 있다. 겨울이면 문인 또는 색정이 문란한 후손이 나올자리.

22. 어떤 성씨

마바파가 들어가는 수성(박, 배, 문, 민, 봉, 팽, 배씨 등)이다.

23. 대학시험

동북쪽이면 유리하겠는데 인문계. 예상점수 250점.

44괘 ䷲

진위뢰(震爲雷)

뇌진백리 유성불견(雷震百里 有聲不見)

1. 현재의 운세

천둥소리가 백리밖까지 들리겠지만 소리만 컷지 불빛은 볼 수 없는 사항이 벌어지고 있는 상태. 일은 크게 벌려 놓았는데 그 결실을 보지못할 일이 생겨날수도 성급한 처신과 허욕은 버려야…

2. 운세의 전망

빛좋은 개살구 격일까. 실속도 별로 없는 일에 소문만 무성한 시기… 남들이야 뭐라하던 남들의 시기나 원망을 살 일은 금물… 겸양지덕을 쌓아나가면서 새로운 전환점을 찾아나가면 좋아…

3. 주의 할 점

생각보다 많은 노력이 필요한 일들이 눈앞에… 문서관리에 철저를…

4. 소망과 재수

이뤄질듯 하다가 깨져 버릴 수. 필요 이상의 고집 때문일터… 토목공사, 발파사업 같은 것이라면 가능… 용날과 개날은 재물이 들락날락 할 수… 토지와 관계되는 일에는 그런대로… 산지에 관계되는 것들…

5. 이해관계

상대와 내가 약속했던 일엔 생각보다 어려움이… 서로간의 견해차이 때문일터… 아주 철저한 확약에 의한 것이라야 노력 만큼의 댓가가…

6. 계절과 때

봄의 3월. 용달, 용날 그리고 오늘 아침의 7시부터 9시 사이와 4, 3, 8이되는 오행에 해당한 것들.

7. 건강 관계

간장이 허해 놀라고 사지가 비틀리는증. 급만성 위장장애. 신경성으로 불안한증세 등. 남쪽의 의사나 병의원 찾아가면 효험 있어.

8. 소식의 시기

쥐날과 돼지날 또는 용날에는 편지나 전화가… 닭날과 잣나비 날은 명예적인 것의 소식이… 별로 기대해 볼게 못되는데 바쁘게만…

9. 어떤사람

고집과 아집이 지극히 강한 장남 또는 지도계급의 신분을 가진자… 때에 따라서는 잘 놀라고 소심한것 같은 정신 신경계의 이상이 있는 사람일수도…

10. 계절과 날씨

무시무시하리 만치 엄청난 천둥과 뇌성이 마치 천지 개벽이라도 할 것 같은 날씨.

11. 어떤 지역

동쪽인데 일용시장이 아닌 급조된 시장형태가 이뤄진 곳. 산사태가 난 지역이거나 언덕이 보이는 지역일수도…

12. 어떤 집

동향으로 지어진 집인데 거대한 규모를 자랑하는 빌딩이거나 써치라이트 같은것이 설치되어 있는 곳.

13. 어떤 물건

용이나 커다란 거북 또는 대어. 나무로 만들어진 제품인데 악기나 아주 화려하게 장식된 장농이나 전시물.

14. 집안 운수

봄과 가을에는 그런대로 괜찮겠으나 겨울에는 놀랄일이… 전세지번 같은 것으로 가족간의 불화도 심화될 조짐이…

15. 결혼과 애정 관계

남자는 하나인데 두 여자가 서로 줄다리기. 만나는 것도 번개같고 헤어지는 것도 번개같아 백년해로는 못할 인연.

16. 어떤 음식

맛이 떫떠름한 식물성 요리. 생선 종류나 개고기 일수도… 주로 산림지역에서 생산되는 재료를 쓴것들…

17. 출산 관계

산모의 몸을 동쪽으로 두게 하거나 앉게 하고 그 방향의 병의원을 찾아가면 좋은데 아들을 난산할 기미가 있겠으니 주의를…

18. 교역 관계

상품의 시세 변동이 매우 심해… 매점매석만 아니라면 그런대로 재미있어… 부동산이나 유가증권 같은것은 실리가 두려워…

19. 출행과 여행

원행해도 좋으나 항공기나 선박 여행은 낙뇌나 태풍이 염려
… 특히나 범날이 아주 위험해…

20. 재판 관계

가을이면 유리하고 봄에는 불리… 빨리 서두를수록 문제가
… 매매와 관계되는 것이면 12월달에나 끝나…

21. 묘자리

유좌묘향인데 산림이 아주 울창하게 우거진 지역의 혈처.
봄과 가을에는 좋고 가을이면 관사가 중중할 자리…

22. 어떤 성씨

가카자가 들어가는 목성(김, 고, 구, 강, 기, 공, 곽씨 등)
이다.

23. 대학시험

서쪽이면 유리하겠는데, 전기나 통신 분야와 같은것. 예상
점수 225점.

45괘 ䷟

뇌풍항(雷風恒)

일월상명 사시수변(日月常明 四時隨變)

1. 현재의 운세

해와 달이 언제나 밝지만 계절에 따라 변한 모습을 한 운세. 마음에 변화가 생겨 기대했던것 만큼의 결실을 기대해 볼 수 없는 상태. 성급한 처세로 과욕은 버려야 할때.

2. 운세의 전망

현재 진행중인 일에 결실은 기대할 수 없는 상태가 계속될 수. 당분간은 신중을 기해 나가면서 좀더 시간을 벌어야 할때에 자중이 실패의 시련을 면해 나가는 길.

3. 주의 할 점

현 상태를 고수해 나가는게 가장 안전한 길… 무리와 강행은 실패를 자초할지도…

4. 소망과 재수

이뤄진다. 느긋한 마음으로 움직이면 서서히 이뤄져 성급한

처신은 금물. 문화사업이나 문예 창작활동 같은 것에는 좋은
결과가. 용날이나 개날은 재운이 형통.

5. 이해관계

상대와 내가 약속했던 일이 생각보다 지연되는 일이 있을터
… 시류의 변화 때문이지 사람이 나빠 그런게 아니다.

6. 계절과 때

봄의 3월. 용달, 용날 그리고 오늘 아침의 5시부터 9시 사
이와 4, 5, 4가 되는 오행에 해당하는 것들.

7. 건강 관계

신경통이나 위장장애에 유의할것. 다리가 아프거나 간경의
질환에 염려가 남쪽의 의사나 병의원을 찾아가면 효험이…

8. 소식의 시기

쥐날과 돼지날 그리고 용날은 편지나 전화가… 닭날과 잣나
비 날은 명예에 관계되는 것들의 소식이 기대했던것 보다 더
디 이뤄져…

9. 어떤사람

활동력이 아주 강하고 언제나 바빠 보이는 사람. 장남이거
나 무희 또는 연예인일수도 혹은 선전원 일수도…

10. 계절과 날씨

우뢰와 우박이 쏟아지면서 바람을 동반한 날씨 천지 개벽이
라도 해 버릴것 같은 날씨.

11. 어떤 지역

동쪽인데 일용시장이 아닌 급조된 임시 시장의 형태가 이뤄
진곳. 장사아치들이 운집해 있는 지역일 수도…

12. 어떤 집

동향으로 지어진 집인데 아주 울창한 산림이 우거진 곳이거

나 높다란 망루나 누각이 세워져 있는 곳.

13. 어떤 물건

악기, 나무 또는 대나무 제품. 화학, 전기, 전자 제품등. 용 또는 뱀. 날개가 달린 곤충류들.

14. 집안 운수

봄과 가을에는 그런대로 괜찮겠으나 여름과 겨울에는 놀랄 일이 천재지변 같은 것으로 가족간에 불행한 일이 생겨날수도 …

15. 결혼과 애정 관계

남자가 둘인데 여자도 두 사람 어느쪽이 자기의 천생배필인 줄 몰라 심각한 줄다리기가 있고난 다음에야 결정…

16. 어떤 음식

맛이 새콤하면서 쌉싸름한 산채나 들나물 같은 것이거나 아주 신선하고 색깔이 아름다운 야채 같은 것들.

17. 출산 관계

산모의 몸을 남쪽으로 두게 하거나 앉게 하고 그 방향의 병의원을 찾아가면 좋겠는데 아들을 순산할 수.

18. 교역 관계

상품의 시세 변동이 매우 심하지만 한번쯤은 시도해 볼만해 … 3월이나 6월 그리고 9월이면 승산 있어.

19. 출행과 여행

항공기 여행이나 육로여행 모두 좋아. 기간이 오래 걸리는 일이면 더욱 좋아…

20. 재판 관계

가을이면 유리하게 진행되지만 약간의 놀랄일이… 12월달에나 승소로 끝나질터…

21. 묘자리

유좌묘향인데 산림이 아주 울창하게 우거진 지역의 혈처. 봄과 가을에는 좋고 가을이면 송사가 왕왕 있을 수도…

22. 어떤 성씨

자카자가 들어가는 목성(김, 고, 구, 강, 기, 공, 곽씨 등)이다.

23. 대학시험

서쪽방향이면 성공하겠는데 두 번의 응시가. 예상점수 260점.

46괘 ䷧

뇌수해(雷水解)

춘우행우 우생희생(春雨行雨 憂生喜生)

1. 현재의 운세

봄비 만난 나그네의 심상이 걱정속에 기쁨을 되찾은 상태. 마음의 우수가 가득 쌓여 있다가 웃고 즐길 일이 있는 운세가 전개될 일이… 약간의 애로가 있을 지라도 참고 견뎌 보면 좋은 결과가…

2. 운세의 전망

처음의 고전은 오히려 약이되는 운세. 고진감래란 이런 경우를 두고 하는 말일까. 바삐 서두르면 승산있고 때를 늦추면 오히려 무산되기 쉬운때.

3. 주의 할 점

지금 계획하고 있는 일에 속전속결이 성공의 열쇠. 꽁꽁 얼어 붙었던 어름이 풀릴때는 봄소식을 알리고 있다는 것을 알아둘 필요가…

4. 소망과 재수

쌓이고 쌓였던 계획들이 하나 하나 해결되어질 시기. 꿈 보다는 실천이 앞서야만 할 시기. 쥐날과 돼지날에 계약관계나 전화 또는 서신 있겠고, 잣나비 날과 닭날에는 명예적인 소식이 있겠고 소날과 개날은 횡재수가…

5. 이해관계

상대와 내가 약속했던 일들이 생각보다 빨리 이뤄져… 서류에 따라 백배의 이가 오락가락. 무리와 강행은 금물…

6. 계절과 때

봄의 3월. 용달과 토기달 그리고 오늘 아침의 5시부터 9시 사이와 4, 4, 6이 되는 오행에 해당하는 것들…

7. 건강 관계

염려할 정도는 아니지만 심포경과 발과 다리에 약간의 장애가… 남쪽의 의사나 병의원을 찾아가면 효험이…

8. 소식의 시기

쥐날과 돼지날 그리고 용날은 편지나 전화가… 닭날과 잣나비 날은 명예에 관계되는 것등의 소식이… 기대했던것 보다 더디 이뤄져…

9. 어떤사람

웬만한 일에는 절대로 놀라지 않고 의연하게 대처해 나갈수 있는 뱃심을 지닌 장남 또는 연예인, 체육인, 성우, 작가, 가수 작가 또는 거물급 인사.

10. 계절과 날씨

비를 동반한 우뢰소리를 들을 수 있어. 흐리거나 비가오는 날씨.

11. 어떤 지역

동쪽인데 호반이나 강줄기가 가까이 인접해 있는 곳. 대로가 연결되는 인접지역 일수도…

12. 어떤 집

동향으로 지어있는 집인데 산림이 울창하게 우거져 있는 고층건물이나 망루 같은 것이 세워져 있는 곳.

13. 어떤 물건

나무로 만들어진 악기류나 화초 또는 약초류와 용 또는 등사와 같이 그 모양을 볼 수 없다가 존재를 확인할 수 있는 동물들…

14. 집안 운수

겨울과 봄에는 재운이 형통하고 좋은 일이 많겠으나 여름과 가을에는 약간의 구설이나 시비수가. 가족간의 불화…

15. 결혼과 애정 관계

첫번째 사귄 여자가 아니면 삼각관계는 면해. 두번째 사귄 남자는 먼저번의 남자만 못해 약간의 고민이 뒤따른 다음에는 결혼까지…

16. 어떤 음식

맛이 새콤하면서 담백한 산채류나 어물 또는 돼지고기, 쇠고기 같은 것인데 색깔이 진한 음식들…

17. 출산 관계

산모의 몸을 남쪽으로 두게 하거나 앉게 하고 그 방향의 병의원을 찾아가면 아들을 순산…

18. 교역 관계

변동이 전혀 없었던게 움직이기 시작해 호기를 얻어 재미볼 수. 하나가 열이 될 수도… 3, 9월이면 틀림없어…

19. 출행과 여행

항공기나 선박 여행이기 쉬워. 육로 여행은 고속편이 아주 좋아.

20. 재판 관계

양심에 가책될 만한 것이라 할지라도 승소보다는 화해로 해결될 수. 12월달이 해결의 시기.

21. 묘자리

유좌묘향인데 산림이 울창하고 물소리가 은은한 산중. 봄은 좋으나 가을이면 별로…

22. 어떤 성씨

가카자가 들어가는 목성(김, 고, 구, 강, 기, 공, 곽씨 등이다.)

23. 대학시험

서쪽방향이 유리한데 인문계이고 돈쓸 일이. 예상점수 250점.

47괘 ䷽
뇌산소과(雷山小過)
비조유음 상역하순(飛鳥遺音 上逆不順)

1. 현재의 운세
높이 나는 새의 모습은 보이지 않는데 그 소리만 들려. 분수밖의 것을 탐내다가 오히려 고생을 초래할지도… 자기의 분수를 지켜 실리를 추구해 나가 봄이 상책.

2. 운세의 전망
실속이 있는 일은 자기의 코앞에 둔 채 먼곳에 이익이 있는줄 알기 쉬워. 큰것보다는 오히려 작은것에 더 많은 실속이…

3. 주의 할 점
나를 도와줄 사람들보다 해를 끼칠 사람들이 들끓기 쉬워… 여자의 유혹 때문에 망신살이 뻗칠지도… 자애자중한 처신이 최상의 방책일터…

4. 소망과 재수
시기를 놓쳤기 때문에 이루기가 힘이 들어. 크게 벌이는 것은 나쁘지만 계획을 적게 세우면 무난하다. 범날이나 토끼날, 쥐날에는 약간의 재운 열려…

5. 이해관계

상대와 내가 약속했던 일들은 생각했던것 보다 기대에 어긋난다. 나의 진심을 몰라라 하는 상대방이 야속할 정도여서 신중을 기해둬야 손해 없다.

6. 계절과 때

가을의 8월과 닭날 그리고 오늘 오후의 5시부터 7시 사이와 2, 4, 7에 해당하는 것들…

7. 건강 관계

심장에서 열이나고 아랫배에 가스가 차는 증세에 주의를. 화상이나 절상도 염려되고 신경과민 증세 역시 조심해야. 북쪽에 있는 병의원을 찾아가면 효험이 있다.

8. 소식의 시기

용날과 개날에는 전화나 편지가 오겠고, 뱀날과 말날에는 직장이나 취직 또는 명예에 관계되는 소식 듣게돼… 기대했던것 보다 작은 결과가…

9. 어떤사람

남의 말을 하며 흉을 보거나 험담을 늘어놓으면서 오히려 희열을 느낀다는 막내딸이나 입으로 떠벌려 먹고 살아가는 첩 또는 기생, 가수 또는 괴변론자 등.

10. 계절과 날씨

비가 내리면서 가끔씩 뇌성이 울겠다. 이즈러진 초생달이 구름 사이로 보였다 안보였다…

11. 어떤 지역

서쪽인데 메워진 우물이 있는 곳이나 매립된 연못자리 또는 산사태가 난 흔적이 있는 자리일수도…

12. 어떤 집

서향으로 지어있는 집인데 대문이 너무낡아 부서졌다. 집근처에 산이나 물이 인접해 있을수도…

13. 어떤 물건

쇠붙이로 만들어진 물건들. 전기나 전자제품 또는 악기류. 양이나 물속에 있는 것들이거나 불구가된 동물들.

14. 집안 운수

겨울과 봄의 재수는 그런대로… 여름과 가을에는 관재나 손재수가 염려. 입이 열개라도 천근처럼 조심해야…

15. 결혼과 애정 관계

첫번째 사귄 사람과는 문제 있어. 유부유남끼리 사귀어지기 쉬운수. 남자가 좋아한다는 여자는 임자가 있는몸.

16. 어떤 음식

맛이 쓰디쓰면서 약간은 변질된 양고기나 연못같은 곳에서 잡아온 물고기인데 색깔이 이상해 보인 것들.

17. 출산 관계

산모의 몸을 북쪽으로 두게 하거나 앉게 하고 그 방향의 병의원을 찾아가면 딸을 생산하겠지만 만산으로 고통이 따를 수.

18. 교역 관계

변동이 너무 심한관계로 시세를 잃기 쉬워 너무 치열한 경쟁도 문제지만 상품의 과잉공급이 더 문제.

19. 출행과 여행

항공기나 선박 여행 모두 나빠. 육로 여행 역시 도적을만나거나 사고가 염려.

20. 재판 관계

자기 자신의 과오가 더 많기 때문에 패소. 그러나 서로 타협을 보게되면 시일은 오래 끌지 않을터.

21. 묘자리

유좌묘향인데 혈처에 수맥이 통해 물이들 자리. 물가의 자리이거나 오래 묵은 고총일 수도.

22. 어떤 성씨

사자차가 들어가는 금성(최, 장, 조, 주, 신, 심, 소씨 등이다.)

23. 대학시험

남쪽이면 유리한데, 경쟁이 너무 심해. 두 번의 응시가… 예상 점수 265점.

48괘 ䷏

뇌지예(雷地豫)

봉황생추 생재만물(鳳凰生雛 生財萬物)

1. 현재의 운세

봉황이 새끼를 얻은 격이라 즐겁고 또 즐거워 환락에 빠져들기 쉽기 때문. 마음의 자세를 바로하고 내일을 기다리면 좋은 운수가 열릴 수.

2. 운세의 전망

돌아올 앞날을 열어나가기 위해 충분한 준비가 필요. 예전에 했던 일의 반복은 좋지 않고 새로운 변동을 시도해 보는게 좋아.

3. 주의 할 점

사업을 추진하고자 할 때에는 주변에 있는 사람과 함께 시도해 보면 좋아.

4. 소망과 재수

생각하고 있는 일은 이뤄져. 자기의 직분을 천직으로 알고 엉뚱한 생각을 하지 않으면 유가증권이나 어음등에서 이익이. 양날이나 말날에 크나큰 이득이.

5. 이해관계

상대와 내가 약속했던 일들은 생각했던 것보다 큰 것이 얻어져. 서로가 주고 받는 우의를 두텁게 할수록 좋은 결과가.

6. 계절과 때

봄의 2월달과 토끼날 그리고 오늘 아침 5시부터 9시 사이와 4, 3, 8에 해당하는 것들.

7. 건강 관계

소화기관의 약화에서 오는 신경성 위장병이나 간장기능 약화 또는 다리가 저리고 아픈 신경통 등을 조심해야… 남쪽에 있는 병의원을 찾아가면 효험 있을터…

8. 소식의 시기

쥐날과 돼지날에는 전화나 편지가 오겠고, 잣나비 날과 닭날에는 직장이나 취직 또는 명예에 관계되는 소식 있어. 기대했던 것보다 좋은 것들이.

9. 어떤사람

활동력이 아주 왕성한 사람. 무용가, 발레리나, 댄서 같은 직업을 가진 사람인데 장남이거나 직무 대리인이나 법정대리인 같은 사람.

10. 계절과 날씨

날씨가 온화한듯 하면서도 간간히 우뢰 소리를 들을 수 있고 변화가 많은 날씨.

11. 어떤 지역

동쪽인데 수목이 아주 울창하게 우거져 있는 수풀이거나 대나무밭이 있는곳. 인근에 밭이 있을 수도.

12. 어떤 집

동향으로 지어져 있는 집인데, 수목이 아주 무성하게 우거져 있는 산속의 누각 같은 것.

13. 어떤 물건

대나무로 만든 악기류나 화초 같은 것들. 용이나 뱀 등이다.

14. 집안 운수

겨울과 봄의 재수는 그런대로… 여름과 가을에는 관재나 손재수가 염려 쓸데없는 요행은 오히려 불운을 자초 할수도.

15. 결혼과 애정 관계

남자는 애를 태워가며 여자를 쫓아 다니겠지만 여자의 반응은 오히려 냉냉. 결혼보다는 임신이 먼저 되야만 성공.

16. 어떤 음식

쌉싸름한 산나물이나 돼지고기, 양고기 또는 채소나 생선요리 같은 것들.

17. 출산 관계

산모의 몸을 남쪽으로 두게 하거나 앉게 하고 그 방향의 병의원을 찾아가면 아들을 생산하겠지만 산모의 기력이 쇠진해지기 쉽겠으니 조심을…

18. 교역 관계

여름이면 아주 좋아. 상당히 많은 이익이… 가을은 오히려 본전을 찾기조차 어려울 수.

19. 출행과 여행

항공기나 선박 여행에서 놀랄일이… 육로 여행 역시 약간의 주의를…

20. 재판 관계

자기행동을 돌이켜 보아야… 송사를 일으키게 되면 많은 재물만 탕진하게 될 수.

21. 묘자리

유좌 묘향인데 수목이 울창하게 들어차 있는 나무사이에 있는 혈처. 가을에는 불리하고 봄과 겨울은 좋아.

22. 어떤 성씨

가카자가 들어가는 목성(강, 공, 구, 겸, 과, 길, 계씨 등이다.)

23. 대학시험

서쪽방향인데 이공계가 유리. 예상점수 245점.

51괘 ☴☰

풍천소축(風天小畜)

갑장보검 밀운불우(匣藏寶劍 蜜雲不雨)

1. 현재의 운세

천하의 보검을 갑속에 간직한 채 쓸곳을 만나지 못해 애를 태우는 수. 태양을 가린 먹구름이 하늘을 덥혔는데 비는 오지 않아. 일의 성사는 조금 더디다.

2. 운세의 전망

답답했던 일들이 조금씩 풀려질 조짐이… 여자가 리더가 돼주면 곤경에 처한 남자의 일을 성사시킬 일이… 좌절과 실망은 금물이니 심기일전이 필요한 때.

3. 주의 할 점

바람바람 좋아했다가 남자체면 땅이 될 일 조심을…

4. 소망과 재수

재물에 관한 것은 조금 더디겠지만 이뤄져. 문학이나 창달 분야라면 보다 빠른 성공이. 양날과 용날엔 약간의 재물이 여자를 만날일 있으면 좀더 나은 결과가…

5. 이해관계

문서상으로 해보고 싶은 일이라면 생각보다 유리한 조건으로 계약이나 매매가 이뤄질 수.

6. 계절과 때

봄의 3, 4월달과 뱀날이나 용날 그리고 오늘 아침 7시부터 11까지의 시간과 3, 5, 8에 해당하는 오행의 것들.

7. 건강 관계

환절기의 독감이나 바람으로 인한 질병이 염려. 다리가 저리거나 아플수도. 남쪽 방향의 병의원을 찾아가면 효험 있어.

8. 소식의 시기

쥐날과 돼지날은 전화나 편지가 오겠고, 잣나비 날과 닭날에는 직장이나 취직 또는 명예와 관계 되는 소식을 듣게 돼. 기대했던 것보다 좋은 것들.

9. 어떤사람

부드러운 화기가 감돌고 있는것 같아 보이는 인품을 소유했지만 진퇴의 용단이 결핍된 장녀나 과부 또는 재주 많은 사람.

10. 계절과 날씨

동남풍이 불면서 구름이 많이 끼고 비는 오지도 않으면서 잔뜩 찌뿌린 날씨.

11. 어떤 지역

동남쪽으로 약간의 경사지역의 과수원이나 화훼단지 같은 곳이거나 상설시장이 있어 조금은 시끄러운 지역.

12. 어떤 집

동남향인데 아름다운 경관으로 산속에 세운 누각이거나 절간, 교회, 기도원 같은 집.

13. 어떤 물건

대나무로 만든 그릇이거나 목공예품 같은 것들. 닭이나 양 또는 고양이나 수풀속의 곤충류들.

14. 집안 운수

봄의 기운은 좋고 가을에는 불안한 일이. 관사나 남자 관계로 집을 비운채 돌아다니는 여자는 조심해야. 문서관리에도 철저를 …

15. 결혼과 애정 관계

남자는 하나인데 두 여자가 따라붙어 동거를 하면서 치근대기 십상일터. 유부유남 바람바람 망신수를 조심해야.

16. 어떤 음식

새콤달콤한 산나물이나 닭고기, 양고기, 야채나 산채요리 같은 것들.

17. 출산 관계

산모의 몸을 남쪽으로 두게 하거나 앉게하고 그 방향의 병의원을 찾아가면 딸을 생산하겠고 산모의 건강에도 염려 없어.

18. 교역 관계

여름이면 아주 좋아. 약간의 이익이… 가을이면 고전은 있겠지만 밑지는 일은 없을터.

19. 출행과 여행

항공기나 선박 여행 모두 좋아. 그러나 기상상태가 좋지않아 약간의 애로가…

20. 재판 관계

나의 잘못이 없는 일이라 할지라도 송사를 이르키면 손해. 증언대에 불려나온 증인들이 쓸데없는 증언을 하기 쉬워.

21. 묘자리

건좌 손향인데 수목이 울창하게 우거져 있는 나무사이에 있는 혈처. 가을에는 나쁘고 봄과 여름이면 좋은 자리.

22. 어떤 성씨

가카자가 들어가는 목성(강, 공, 구, 겸, 곽, 길, 계씨 등이다.)

23. 대학시험

서쪽이 유리한데 인문계. 예상점수 290점.

52괘 ䷚

풍택중부 (風澤中浮)

학명자화 사유정기 (鶴鳴子和 事有定期)

1. 현재의 운세

먹이를 구한 어미새가 새끼의 둥지로 날아드는 운세. 들떠있는 마음을 가다듬어 정직과 신뢰로 매진해 나가면 소기의 목적 달성은 무난.

2. 운세의 전망

어미새가 새끼의 둥지를 찾는 것처럼 나를 도와줄 귀인이 나타나 암울했던 과거를 청산해버릴 진로가 열릴 조짐이… 문서상으로 좋은 일이.

3. 주의 할 점

남녀간의 친구끼리 망신수가… 분수에 맞는 친교관계에 신경써야.

4. 소망과 재수

애써 노력한것 만큼은 이뤄져. 손윗 사람의 도움 있으면 더욱 좋아. 계약관계에서 성공수. 돼지날과 쥐날에는 재운이… 부모나 은사의 도움 있으면 더욱더 큰 재물이…

5. 이해관계

상대와의 약속 결과는 생각보다 크게 얻어. 주고 받는 우의에 신경을…

6. 계절과 때

겨울의 12월과 소날 그리고 오늘 새벽 1시부터 3시까지와 7, 5, 2에 해당하는 오행에 해당하는 것들.

7. 건강 관계

간장계통의 이상이 염려돼… 추웠다 더웠다하는 한서유절의 증세에 주의를 서쪽방향의 병의원을 찾아가면 효험있어…

8. 소식의 시기

뱀날과 말날에는 전화나 편지가 오겠고 범날과 토끼날에는 직장이나 취직 또는 명예와 관계되는 좋은 소식이 가출자는 올듯말듯 여비가 없기 때문에…

9. 어떤사람

작은 아들인데 애틋한 연정을 품고 있거나 큰 뜻을 품고 있는 사람. 화학분야나 부동산과 같은 사업을 경영하고 있는 사람일수도.

10. 계절과 날씨

잔잔한 호수물이 일렁일 정도의 바람이 불거나 가랑비가 내리는 날씨.

11. 어떤 지역

동북쪽인데 옛날에 쌓은 성곽이 있는 곳이거나 가파른 언덕바지나 묘지가 있는 지역일수도… 비교적 조용한 지역.

12. 어떤 집

동북향으로 지어져 있는데 경관이 아름다운 산속. 근처에는 오솔길이 나있거나 연못같은 것이 있는 지역.

13. 어떤 물건

흙으로 빚어 만든 옹기그릇이거나 청자 같은 것. 돌이나 옥으로 만든 사랑의 선물과 같은 것. 개, 두더지, 다람쥐, 애완동물일수도.

14. 집안 운수

봄의 운은 어지럽겠고 여름과 가을운은 좋아. 어줍잖았던 부부 사이의 금슬도 좋아져 2월달엔 송사에 주의를…

15. 결혼과 애정 관계

연애에는 문제가 있겠고 부모나 은사의 도움 얻으면 약간의 애로가 있고난 다음에나 좋은 결혼이. 유부유남 바람바람은 망신수가…

16. 어떤 음식

맛이 아주 담백한 감자나 고구마, 당근, 시금치 같은 것을 재료로한 음식이거나 동물성 식품이거나 야채류들.

17. 출산 관계

산모의 몸을 서쪽으로 두게 하거나 앉게하고 그 방향의 병의원을 찾아가면 아들을 출산하겠고 산모의 건강도 이상 없어.

18. 교역 관계

여름에는 오파나 수주계약 같은 것이면 좋겠고 겨울이면 현물교역 더 유리해. 밑지는 일은 절대 없어.

19. 출행과 여행

항공기나 선박 여행은 불리하고 육로 여행은 아주 좋아.

20. 재판 관계

나의 잘못이 없는 일이라 할지라도 송사를 일으키게 되면 두

번의 재판이… 6월달이면 화해에 의한 종식의 시기.

21. 묘자리

곤좌 간향인데 첩첩산중에 위치해 있는 혈처. 지반에 돌이나 암반이 나타나는 지역.

22. 어떤 성씨

아하자가 들어가는 토성(한, 안, 황, 우, 함, 허, 홍씨 등이다.)

23. 대학시험

서쪽이 유리한데 인문계열. 예상점수 230점.

53괘 ䷤

풍화가인 (風火家人)

입해구주 개화결실 (入海求珠 開花結實)

1. 현재의 운세

바람결에 놓여 있는 초롱불이 한가롭게 흔들거리는 것처럼 조용하게 운이 열리게 되어 있기 때문에, 일을 너무 크게 벌리지 말고 내실을 기해나가야.

2. 운세의 전망

집이나 지키고 있는 안방마님과 같은 운세여서 밖의 일보다는 집안일에 더 많은 심혈을 기울이는게 더 좋아. 본인이나 자녀들의 결혼수가.

3. 주의 할 점

새로운 사업에 손대지 말고 내 주위에 환경부터 정리를…

4. 소망과 재수

남의 도움으로 성취되겠지만 너무 큰것은 기대하지 말아야. 손아랫 사람이나 여자의 도움으로 좋은일이… 부동산과 관계되는 일에는 큰재물이…

5. 이해관계

이권 관계라면 생각보다 좋은 조건으로 성사. 매매나 판매 같은 것도 모두 좋아.

6. 계절과 때

봄의 3월과 4월달. 용날이나 뱀날 그리고 오늘 오전 7시부터 11시까지의 사이와 5, 5, 3에 해당하는 오행에 해당하는 것들.

7. 건강 관계

풍허노냉의 병에 유의를. 유행성 독감이나 방사과다에서 오는 과로 증상으로 정신 신경계통의 질환을 얻게될 수도.

8. 소식의 시기

돼지날과 쥐날에는 전화나 편지가 오겠고, 잣나비 날이나 닭의 날에는 명예와 관계된 것이거나 취직 또는 관청으로 부터 좋은 소식이…

9. 어떤사람

구도수련을 하고 있다는 선인의 후예이거나 과부 또는 큰딸인데, 심성이 아주 착하고 겸손하지만 성격적으로는 우유부단 한데가 있는 사람. 종업원, 고용원.

10. 계절과 날씨

날씨는 아주 해맑은 편인데 거센 바람이… 인명이나 농작물에 피해를 줄 정도는 아님.

11. 어떤 지역

동남쪽인데 화훼단지가 조성돼 있거나 꽃밭이 많은 지역이고, 햇볕이 아주 잘드는 양지바른 조용한 지역.

12. 어떤 집

동남향으로 지어져 있는 집인데 경관이 아름답게 잘 가꿔진 누각이거나 절 또는 교회당과 같은집.

13. 어떤 물건

생김생김이 길쭉한 모양을 한 것들인데 주로 대나무와 같은 재료를 써서 만든 것들. 닭, 소 그리고 풀과 나무나 곤충 등.

14. 집안 운수

봄의 기운은 화기가 감돌겠고 시장이 인접해 있어서 조금은 시끄럽겠지만 슬하에 경사수가. 가을에는 송사나 구설을 조심해야.

15. 결혼과 애정 관계

연애나 중매 모두 좋아 그러나 남자가 좋아하고 있는 여자는 콧대가 너무 높다. 거리가 가까운 곳보다는 먼 곳의 혼처가 인연. 차녀보다는 장녀.

16. 어떤 음식

맛이 새콤한 야채, 사라다 같은 것이거나 화학식품 또는 닭고기나 소고기 요리 같은 것들.

17. 출산 관계

산모의 몸을 동남쪽으로 두게 하거나 앉게 하고 그 방향의 병의원을 찾아가면 첫딸을 순산하겠고 산모의 건강에도 이상 없어.

18. 교역 관계

겨울이나 여름에는 상당히 활발한 교역이 이뤄질터. 가을에는 도적이나 사기수에 조심을…

19. 출행과 여행

가정적인 일로 떠나는 여행은 아주 좋아. 그러나 정치나 오파 관계의 여행이라면 별무 소득이…

20. 재판 관계

집안문제 때문에 생겨난 소송관계여서 약간은 술렁이겠지만 내가 더 유리. 12월달 종식의 시기.

21. 묘자리

건좌 손향인데 첩첩 산중에 위치해 있는 수목 사이에 위치해 있는 혈처. 아들보다 딸이 더 잘되는 자리.

22. 어떤 성씨

가카자가 들어가는 목성(강, 권, 김, 구, 공, 곽, 길씨 등이다.)

23. 대학시험

서쪽이나 북쪽이 좋은데 이공계열. 예상점수 305점.

54괘 ䷩

풍뇌익(風雷益)

홍곡우풍 적수첨해(鴻鵠遇風 適水添海)

1. 현재의 운세

기러기와 비둘기가 무리를 지어 나는 것같은 운수이고 방울물이 모여 강과 바다를 이루는것 같은 운세의 전환이 있을수.

2. 운세의 전망

내일의 수확을 위해 묘상을 만드는 농부의 마음같은 운세여서 먼 앞날을 열어나가기 위한 투자가 요구되는 시기.

3. 주의 할 점

지나친 욕심은 금물 문서상의 계약 관계에서 하자가 나오지 않도록 주의를…

4. 소망과 재수

은사나 선배 또는 손윗 사람의 협력으로 소원이 이뤄질수. 잣나비날은 계약관계가 성립. 뱀날에는 남쪽 방향에서 횡재수가 있어 큰 재물이 들어올 일이.

5. 이해관계

계약에 의한 이권 관계라면 보다 좋은 조건으로 성사가. 매매나 판매 같은것 모두 좋은 조건으로…

6. 계절과 때

봄의 3월과 4월. 용날이나 뱀날 그리고 오늘 오전 7시부터 11시까지의 사이인 5, 5, 4에 해당하는 오행에 속하는 시기.

7. 건강 관계

교통사고나 험한 등산길에서 추락이나 낙반사고 같은 것에 주의. 재물때문에 신경을 너무 쓰게돼 비위의 질환이 염려.

8. 소식의 시기

쥐날과 돼지날에는 전화나 편지가 오겠고, 잣나비날과 닭날에는 명예나 취직관계 또는 관청으로 부터의 좋은 소식이.

9. 어떤사람

아주 인색한 사람. 말로만 인심을 쓰거나 말이 많은 변덕쟁이. 작은 딸이거나 노인 또는 고집불통의 노처녀나 노총각 일수도.

10. 계절과 날씨

구름이 잔뜩 끼었다가 비가… 비구름이 오락가락 해가면서 간혹가다 뇌성벽력이.

11. 어떤 지역

동남쪽인데 평지를 끼고 있는 화원이나 꽃단지 같은 곳이 인접해 있는 지역. 초목이 무성하게 우거진 곳.

12. 어떤 집

동남향으로 지어져 있는 집인데 아름다운 숲속에 있는 사찰이나 교회 또는 기도원 같은 집이거나 별장.

13. 어떤 물건

생김생김이 길고 가름한 모양을 하고 있는 나무 제품이나 대나무 제품들. 닭 또는 돼지, 들소, 메뚜기 같은 것들.

14. 집안 운수

봄에는 즐거운 일이 많겠고 가을에는 신경을 써야할 일이. 7월 달엔 이사수가. 시장근처나 상가지역으로 옮겨가는게 좋아.

15. 결혼과 애정 관계

두 여자에 두 남자가 서로겨룬 2각 4각의 관계이기 쉬워. 적극적인 남자의 용단으로 결혼보다는 살림부터 시작한 사람이 더 유리. 장녀가 인연.

16. 어떤 음식

맛이 산뜻한 산채나 닭고기 또는 과일류들. 또는 계란과 같은 알들의 종류들.

17. 출산 관계

산모의 몸을 동남쪽으로 두게 하거나 안게 하고 그쪽 방향의 병의원을 찾아가면 순산을 하겠는데, 첫딸을 낳겠고 산모의 건강도 좋아.

18. 교역 관계

봄과 여름에는 활발한 교역이 이뤄질 수. 가을에는 도적이나 사기수에 조심하고 겨울에는 수표 관리에 신경써야.

19. 출행과 여행

사업을 위한 여행은 유리하지만 상당히 바쁜 일정 때문에 지나친 경비의 지출이.

20. 재판 관계

형제나 친구 때문에 제기된 재산상의 재판이 되겠는데 송사보다는 화해가 상책. 12월이 종식의 달.

21. 묘자리

건좌 손향인데 첩첩산중에 위치해 있는 수목 사이의 혈처. 아들보다 딸이 더 잘되는데 가을에는 나쁜 자리가.

22. 어떤 성씨

가카자가 들어가는 목성(강, 권, 김, 구, 공, 곽, 길씨 등이
다.)

23. 대학시험

서쪽이 좋은데, 이공계열. 예상점수 280점.

55괘 ䷸
손위풍 (巽爲風)
풍취초상 상행하효(風吹草上 上行下效)

1. 현재의 운세
푸른 초원에 바람이 스쳐 지나가면 초목들이 흔들거리면서 춤이라도 추는듯한 운세라서 마음의 동요가 생겨 바람바람을 불러 이르키기 쉬울 조짐이 있는 운세다.

2. 운세의 전망
자기의 중심을 잃어버린 채 주어진 여건에 따라 이리 흔들 저리 흔들 해가며 자기 처세에 주관을 잃고 방황하기에 꼭 알맞는 시기.

3. 주의 할 점
주변에서 가장 가까이 지내고 있는 사람을 조심해야. 앗차 하는 순간에 사기수에 말려들거나 손재수가.

4. 소망과 재수
별로 믿을수가 없는 사람들을 만나 애태울 일이. 마음의 중심만 똑바로 세운 다음에 일을 추진해 나가면 시류에 편승한 흥행업이나 유행업 같은 것에서 이득이. 양날이나 소날에는 금전의 출입수가.

5. 이해관계

정식으로 체결된 계약에 의한 것보다 묵시적인 사업진행이 되기쉬워. 매매나 판매에 있어서 좋은 조건 같지만 결과가 문제.

6. 계절과 때

봄의 3월과 4월. 용날이나 뱀날 그리고 오늘 오전 7시부터 11시까지의 사이에 해당하는 5, 3, 8에 해당하는 오행에 속한 것들.

7. 건강 관계

중풍이나 신경성 소화기 병이 염려. 기상상태와 관계있는 질병에 주의를.

8. 소식의 시기

쥐날과 돼지날에는 전화나 편지가 오겠고 잣나비날과 닭날에는 명예 관계나 취직 또는 관청으로 부터 소식이 있겠으나 별로 좋은 것은 못돼.

9. 어떤사람

큰 딸이나 과부, 빼어난 재주를 가지고 있는 사람인데 비교적 성격이 부드럽고 온화한 편. 기예방면이나 풍악을 즐기려는 소질이 다분한자.

10. 계절과 날씨

봄바람도 같고 여름바람도 같은 바람이 부는 날씨. 비교적 화창한 편이기는 하나 거센편.

11. 어떤 지역

동남쪽인데 평지를 끼고 있는 과수원이나 화훼단지가 인접해 있는 지역. 초목이 울창한 들판을 볼 수 있는 지역일수도.

12. 어떤 집

동남향으로 지어진 집인데 아름다운 그림처럼 숲속에 지어 놓은 사찰이나 교회, 누각이나 휴게소 또는 고급 음식점 같은 집.

13. 어떤 물건

생김 생김의 모양이 길거나 갸름하게 생긴 목제. 세공품이거나 밧줄같은 것들. 닭이나 산속에서 자생하고 있는 곤충 따위. 비둘기, 나비, 꿀벌 같은 것들.

14. 집안 운수

봄철과 겨울철에는 좋은 일이 많겠으나 가을에는 시비나 구설수가 염려. 시장을 끼고 있는 상가 부근인데 도적을 조심해야.

15. 결혼과 애정 관계

두 여자에 한 남자가 서로겨룬 3각 관계가. 여자는 별로라 생각하는데 남자만 애를 태워. 결혼보다는 바람 바람으로 끝나기 쉬운 인연.

16. 어떤 음식

맛이 새콤하면서도 신선한 감이 드는 닭고기 요리나 산채요리 같은 것들.

17. 출산 관계

산모의 머리가 동남쪽으로 향하게 하거나 앉게 하고 그 방향의 병의원을 찾아가면 순산을 하겠지만 첫딸을 낳게 되겠고, 산모의 건강에도 이상없어.

18. 교역 관계

봄과 여름에 호응될 만한 유행 상품이면 그런대로 재미가. 그러나 가을철에는 도적이나 사기수에 조심해야 하고 겨울에는 어음이나 수표 관리에 신경써야.

19. 출행과 여행

  사업을 위한 목적의 여행은 유리하지만 남녀 관계를 조심해야.
필요 이상의 경비지출이 많아지거나 망신 당하게 될일에 조심을.

20. 재판 관계

  동업자나 친구때문에 생겨난 재산상의 다툼인데 송사보다는 화
해가 상책이다. 타협이 어려울터. 12월이 종식의 달.

21. 묘자리

  건좌 손향인데 첩첩산중에 위치해 있는 수목 사이의 혈처. 아
들보다 딸이 더 잘되는 자리인데 가을에는 나쁜 자리가.

22. 어떤 성씨

  가카자가 들어가는 목성(강, 권, 김, 구, 공, 곽, 길씨 등이
다.)

23. 대학시험

  서쪽이면 유리하겠는데, 인문계. 예상점수 200점.

56괘 ䷷

풍수환(風水渙)

순수행추 대풍취물(順水行舟 大風吹物)

1. 현재의 운세

순풍을 만난 뱃길에 갑자기 돌풍을 만난듯한 운세. 마음먹었던 것처럼 잘풀려 나가던 일들이 예상을 뒤엎고 다른 방향으로 변환돼 버릴수를 조심.

2. 운세의 전망

어려웠던 고행의 늪에서 빠져나와 새로운 전기가 잡혔는가 싶었는데 엉뚱한 시련에 부닥치게 될지도 모를 함정이…

3. 주의 할 점

주변에서 가장 가까운 사람이거나 휘하 사람들의 배신을 경계해야 실패의 고난을 면해.

4. 소망과 재수

신념을 굽히지 않고 힘껏 밀고 나가면 성사 되겠지만 마음의 중심이 흔들리면 공든탑이 와르르. 해운업이나 항공업같은 것은 위험하니 그만두라. 잣나비날과 닭날에는 금전생겨.

5. 이해관계

호형호제 사이에서 이뤄진 이해관계에서 50%가 얽힌 양분지계가. 매매나 판매같은 조건에서는 모두가 좋은것 같지만 결과가 문제.

6. 계절과 때

여름의 5월과 말날, 말시 그리고 오늘 오전 11시부터 오후 1시까지의 사이에 해당하는 3, 5, 6에 해당하는 오행에 속한 것들.

7. 건강 관계

심장에서 열이나고 입이 헐며 혀가 갈라지는 병과 눈병. 그리고 주로 상충의 병에 유의를…

8. 소식의 시기

토끼날과 범날에는 전화나 편지가 오겠고, 잣나비날과 닭날에는 명예 관계나 취직 또는 관청으로 부터의 소식이 있겠으나 결과가 기대했던 것만 못해.

9. 어떤사람

둘째딸이나 문인 또는 소개인이나 눈병을 앓고 있는 사람인데 마음 씀씀이가 견고하지 못해 처세상의 문제가 많은 사람.

10. 계절과 날씨

맑은 뒤에 흐려지면서 번개가 번득일수도. 저녁에는 노을을 볼 수 있는 날씨지만 기상상태의 변화가 심해.

11. 어떤 지역

남쪽인데 물을 끼고 있는 지역이고 경치가 아주 좋아. 폭발물이 터진 일이 있었던 지역이거나 삭풍이 부는 지역.

12. 어떤 집

남향으로 지어진 집인데 산수가 수려한곳에 위치한 집. 방공호나 지하실 같은 곳이거나 움집.

13. 어떤 물건

불이나 선박 또는 건조물들. 공기나 물을 활용한 것들이거나 꿩, 자라, 거북 또는 영물들.

14. 집안 운수

대체적으로 편안하겠으나 화재수가 염려되고 칠팔월경에는 이사수가 생길수도.

15. 결혼과 애정 관계

두 여자를 한 남자가 서로 견줘보다 결혼보다는 살림부터 차린 다음에 어린애를 먼저 얻는쪽이 인연.

16. 어떤 음식

맛이 약간은 쌔하면서도 신선한 감이 있는 꿩고기나 불고기 또는 건포나 야채찜 같은 것들.

17. 출산 관계

산모의 머리를 남쪽으로 향하게 하거나 앉게 하고 그 방향의 병의원을 찾아가면 순산을 하겠지만 딸을 낳겠고 산모의 건강에 문제가 우려.

18. 교역 관계

봄이나 여름에 호응될 만한 수입품 같은 것을 취급하면 좋아. 문서상으로 주문과 결재를 끝맺는 오퍼관계 같은 것이라면 처음에는 유리하겠지만 결과적으로는 신경을 쓸일이.

19. 출행과 여행

해외 여행이나 국내여행 모두다 좋으나 중도에서 목적지가 변경돼 필요 이상의 경비지출과 더불어 고생이 많아질 수.

20. 재판 관계

친구 때문에 생겨난 계약상의 하자 때문에 일어난 송사인데 제소보다는 화해가 상책이다. 타협이 어려울터 3월달이 종식의 시기.

21. 묘자리

자좌에 오향인데 나무가 별로 없는 벌거숭이의 마사지대의 혈처. 여름에는 문인이 속출할 자리이고 겨울이면 관재가 염려돼.

22. 어떤 성씨

나다타라 자가 들어가는 화성(리, 노, 나, 남, 류, 노, 용씨 등이다.)

23. 대학시험

북쪽이 유리한데 인문계열. 예상점수 195점.

57괘 ䷴
풍산점 (風山漸)

고산식목 이소적대(高山植木 以少積大)

1. 현재의 운세
수없이 많은 계단을 한계단씩 올라가는 것같은 단계적인 과정을 통해 목적지까지 도달해야 하는 운세여서 헛된 망상과 과욕은 버려야 할때.

2. 운세의 전망
적은것부터 차근차근 쌓아 올라가다 보면 마침내 큰것이 얻어질 것을 예시해준 운세라서 과욕은 금물이고, 주어진 여건에 충실해가면서 실리를 추구해 나가야할 때.

3. 주의 할 점
자기과신에 너무 집착하려 하지말고 주어진 환경과 여건에 따라 미래 지향적인 처신이 요구되는 때.

4. 소망과 재수
신념을 굽히지 말고 힘껏 밀고 나가면 차츰 차츰 이뤄져. 성급한 처신으로 노력 이상의 것을 기대하면 성공보다 실망이 더 클 수도.

5. 이해관계

관청을 상대로한 이권 관계에서 실리를 추구해야만 하겠는데, 상대방과 나의 의견 일치에 문제가… 적게 먹고 가늘게 사는게 상책.

6. 계절과 때

겨울의 12월. 소달과 소날 그리고 오늘의 새벽 1시부터 3시까지의 사이에 해당하는 7, 5, 7에 해당하는 오행에 속한 것들.

7. 건강 관계

신경과민적인 뇌신경 계통과 손과 발이 저리고 비틀리는 증세에 주의를. 주로 신경계통의 병이 염려.

8. 소식의 시기

뱀날과 말날엔 전화나 편지가 있겠고 범날과 토끼날에는 명예관계나 취직 또는 관청으로 부터의 소식이 있겠으나, 결과는 기대했던 것보다 힘이드는 것들.

9. 어떤사람

둘째아들이나 승녀 또는 예능 예술인이거나 문인 등인데, 그 사람의 능력에는 한계가 느껴진 사람.

10. 계절과 날씨

봄과 가을이면 아주 화창한 날씨가 되겠지만 흐리면서 바람이 일수도. 계절에 이변이 있는 날씨.

11. 어떤 지역

동북쪽의 오랜 성곽이나 산성이 있는 곳. 비바람에 마모가 된 흔적이 있는 곳.

12. 어떤 집

동북향으로 지어진 집인데 석조 건물이거나 산과 도로가 인접해 있는 지역에 위치해 있는 집이다.

13. 어떤 물건

흙에서 나오는 물건들. 바위같은 것일수도. 모조품이거나 골동품 같은 것들. 개, 쥐, 다람쥐 또는 아주 영리한 동물이거나 도마뱀 같은 것들.

14. 집안 운수

집안운은 대체적으로 편안하겠으나 화재수가. 정월과 칠월에는 주거의 변동수가.

15. 결혼과 애정 관계

여자는 하나인데 부모의 승락 없이는 이루어질 수가 없는 혼인. 스승이나 존장이 개입된 중매라면 가장 이상적인 결혼이 이뤄질터.

16. 어떤 음식

산중에서 생산되는 산채나 산새 또는 멧돼지고기 요리나 외국에서 수입해 들여온 수입품의 음식들.

17. 출산 관계

산모의 머리를 서쪽으로 향하게 하거나 앉게 하고 그 방향의 병의원을 찾아가면 순산을 하겠지만 아들을 낳게 되겠고 산모의 건강에는 문제 없어.

18. 교역 관계

가을철과 겨울철에 수입품 같은것을 취급하면 전망 좋다. 문서상으로 주문과 결재를 끝맺는 오퍼관계 같은것은 처음에는 불리하겠지만 결과적으로는 상당한 이익이…

19. 출행과 여행

해외 여행이나 국내여행 모두다 좋다. 처음에는 약간의 고전이 예상되나 아주 좋은 결과가.

20. 재판 관계

관청이나 자손 또는 이권관계 때문에 제기되는 재판이 되기 쉬운데 조급히 서두르지 말고 시간을 벌면 유리. 그러나 화해가 상책. 6월이 종식의 시기.

21. 묘자리

곤좌 간향인데 산중에 위치해 있는 혈처이다. 그러나 전망은 아주 좋은자리. 동남운에 발복의 자리이고 북방운에 액운이 예상되는 자리일터.

22. 어떤 성씨

아하토의 자가 들어가는 토성(안, 오, 한, 허, 홍, 황, 원씨 등이다.)

23. 대학시험

남쪽이나 동남쪽이 좋겠는데 인문계. 예상점수 240점. 두 번의 시험이…

58괘 ䷓

풍지관(風地觀)

운권청천 백화쟁발(雲捲靑天 百花爭發)

1. 현재의 운세

바람이 땅위를 스쳐갈때 때맞춰 불어오는 봄바람이 백가지의 꽃들이 함께 피어나려는 것같은 운세여서 한꺼번에 두가지 이상의 일이 벌어질 운세.

2. 운세의 전망

지금의 위치에서 닥쳐올 운세의 전망을 관망해 봐야할때. 자기의 행동과 세태의 흐름을 예의 주시해 나가면서 움직여야 할때.

3. 주의 할 점

문서상으로 제기되기 쉬운 분규사건에 연루될 일에 주의를. 전기나 개스 또는 수표관리에 신경써야.

4. 소망과 재수

지나치게 큰것을 추구하려다 작은 것마저 놓쳐 버리기 쉬워 위험이… 나이 많은 은사나 존장에게 물어가면서 실천에 옮기면 좋은 일이.

5. 이해관계

계약관계로 이뤄지는 일이면 두가지중에 하나는 반드시 승산 있어.

6. 계절과 때

가을의 9, 10월. 개달과 돼지달과 날 그리고 오늘　오후의 7시 부터 11까지의 사이에 해당하는 1, 8, 5에 해당하는 오행에 속한 것들.

7. 건강 관계

뇌신경 과민증 또는 심장이나 소장계통의 질환에 유의를. 히스 테리나 타박상 또는 총상, 화상 등이 염려.

8. 소식의 시기

양날이나 소날은 전화나 편지가 오겠고, 뱀날과 말날에는 명예 관계나 취직 또는 관청으로 부터 소식이 있겠으나 결과가 기대했 던것만 못해.

9. 어떤사람

노인이나 노부 또는 창녀이거나 폭력을 쓰는자나 주정뱅이 고 집불통인 사람.

10. 계절과 날씨

구름과 바람이 끊이지 않는 날씨. 흙먼지 날리는 태풍경보가 내린 날씨. 계절의 이변이 있는것 같은 날씨.

11. 어떤 지역

서북쪽인데 비교적 지대가 높은 지역 또는 험준한 절벽이나 폭 포같은 것이 있는 인근지역 일수도.

12. 어떤 집

서북향으로 지어진 고층 건물인데 공공기관의 건물이거나 부서진 빈 집.

13. 어떤 물건

모양새가 둥글게 생긴 대나무제품 또는 옥으로 장식된 왕관과 같은 귀중품 또는 거울, 말, 학, 사자, 코끼리나 철 따라 옮겨다니는 철새 같은것들.

14. 집안 운수

지대가 낮은곳 보다는 높은 곳이거나 6층 이상의 아파트 같은 것이 유리한데 집안에서 놀날 일이.

15. 결혼과 애정 관계

두 여자에 두 남자가 서로 좋다 하겠지만 부모의 승락에 문제 있어 결혼까지는 상당한 애로점이.

16. 어떤 음식

쇠고기나 말고기 또는 양고기 요리. 건포, 과일 또는 뼈로된 음식이거나 약간은 부패된것 같은 음식들.

17. 출산 관계

산모의 머리를 서북쪽으로 향하게 하거나 앉게 하고 그 방향의 병의원을 찾아가면 좋겠으나 아들인데 유산의 우려가.

18. 교역 관계

금속제품이나 종이 또는 섬유, 목재 제품이 되겠는데 상당한 애로가. 문서상으로 주문과 결재를 끝맺는 오퍼관계 같은것이 처음부터 불리하겠지만 결과적으로 성공의 기미가.

19. 출행과 여행

자동차나 육로 여행엔 사고의 염려있어. 여행중에 만난 여자를 조심하지 않으면 후환이 두렵다.

20. 재판 관계

문서상인 계약관계가 되기 위해 한꺼번에 두 사건이 송사로 벌

어지기 쉬워질터. 자못 패소의 기미가 엿보이는데 9월달에나 매
듭이 지어질터.

21. 묘자리

손좌 건향인데 산중에 위치해 있는 혈처이다. 그러나 자리가
마땅하지가 않아 문제가 있는 자리일터.

22. 어떤 성씨

사자차 자가 들어가는 금성(초, 장, 정, 조, 심, 차, 송, 심씨
등이다.)

23. 대학시험

동북쪽이나 서북쪽이 좋은데 이공계열. 예상점수220점.

61괘 ䷄
수천수(水天需)

하우중천 밀운불우(霞雨中天 密雲不雨)

1. 현재의 운세

하늘은 잔뜩 찌푸린 날씨인데, 비는 내릴 생각조차 하지 않는 것 같은 상태라서 마음이 답답한 상태. 매사에 느긋한 자세로 임해나가야 할때.

2. 운세의 전망

지금은 비록 답답한 상태가 계속되겠지만 시류에 부합해 나갈 수 없는 시기라서 마음과 행동을 일치시켜 나갈수 없겠으니, 조금만 참고 기다려 보는게 상책.

3. 주의 할 점

참고 견뎌내는 인내심이 없으면 필요 이상으로 벌여놓은 사업 전망이 불투명해 지겠으니 지나친 투자는 금물.

4. 소망과 재수

큰것만을 추구하려다 작은것마저 잃어버리기 쉽겠으니 주어진

여건을 예의 주시해 나가면서 때를 기다려야. 쥐날과 돼지날에는
약간의 재물이.

5. 이해관계

사업상으로 연계된 이권관계로 세 사람이 힘을 합쳐 함께 도모
해 나갈수. 마음과 뜻은 맞는다지만 여건이 문제.

6. 계절과 때

사계에 해당하는 3, 6, 9, 12월이나 잣나비 달이나 양달 또는
날에 해당하고 오늘의 오후 1시부터 5시까지 사이와 8, 5, 10의
오행에 해당하는 것.

7. 건강 관계

뱃속의 병인데 주로 비위가 허약해져 소화불량의 증세가 염려.

8. 소식의 시기

말날이나 뱀날에는 전화나 편지가 오겠고 범날과 토끼날에는
명예 관계나 취직 또는 관청으로 부터의 소식이 있겠으나, 결과
가 기대했던 것보다 답답한 소식이…

9. 어떤사람

뱃장이 아주 좋은 늙은 어머니나 할아버지, 농부, 고향 사람이
나 많은 무리를 이룬 사람들인데 상당히 인색한데가 있는 사람
들.

10. 계절과 날씨

하늘 가득히 뒤덮인 먹구름이 끼인 날씨. 비가 올듯하면서도
비는 내리지 않고 안개비나 이슬이 내리는 날씨 일수도.

11. 어떤 지역

서남쪽인데 경사가 약간 있는 밋밋한 평지이거나 전원지대에
위치해 있는 마을의 풍경을 볼 수 있어.

12. 어떤 집

서남향으로 지어 있는 커다란 창고 같은 집이거나 규모가 거대
한 비닐 하우스와 같은 농사용 주거.

13. 어떤 물건

흙으로 빚어진 자기나 옹기류 또는 금이나 옥, 곡식류 등이거
나 말 또는 소 같은 동물들.

14. 집안 운수

대체적으로 평온한듯 보이지만 봄과 겨울의 기운은 불길하고
봄과 여름은 그런대로…

15. 결혼과 애정 관계

두 여자에 한 남자가 서로 좋아 하다가 아들 먼저 갖게된 여자
와 결혼. 기혼자는 바람 바람이 염려돼.

16. 어떤 음식

쇠고기나 말고기 또는 야채가 듬뿍 들어간 달콤한 맛이 나는
음식이거나 곡물을 이용한 음식물.

17. 출산 관계

산모의 머리를 서쪽으로 향하게 하고 그 방향의 병의원을 찾아
가면 딸을 낳겠는데 난산이겠으니 염려.

18. 교역 관계

토산품이나 요업제품 같은것이 가장 좋아 생수나 청량음료 계
통 역시도 괜찮겠으나 이득이 별로.

19. 출행과 여행

봄의 여행에는 실물수나 관재수가 염려되고, 고향을 다니러가
는 여행이면 그런대로…

20. 재판 관계

사업상으로 제기되기 쉬운 사건인데 제소보다는 화해가 상책.
6월달이 종식의 시기.

21. 묘자리

간좌 곤향인데 햇볕이 잘드는 양지바른 평지의 혈처. 밭이나 들이 인접해 있을수도. 봄철에는 불리한 자리가…

22. 어떤 성씨

아하 자가 들어가는 토성(한, 안, 허, 황, 하, 임씨 등이다.)

23. 대학시험

동쪽이면 유리한데 이공계. 예상점수 240점. 두 번의 응시가…

62괘 ䷽

수택절(水澤節)

선행우식 한서유절(船行雨殖 寒暑有節)

1. 현재의 운세

강을 건너야 할 나그네가 비를 맞아가면서 나룻배를 기다리다 추위도 느꼈다 열기도 느꼈다 하는 운세여서 시류의 변화에 따라 일의 결과가 클수도.

2. 운세의 전망

가만히 앉아 있으면서 주변 사람들의 유혹에 말려들기 쉬워. 처세를 잘못했다가는 헤어나기 힘든 수렁으로 빠져들 위험이…

3. 주의 할 점

자기 생각만이 제일이라는 자만심을 버리지 않으면 잘 풀려질 일에도 막혀버릴 위험이…

4. 소망과 재수

현재의 상황에서 더 큰기대는 금물. 문서상으로 이뤄질수 있는 계약관계라면 아주 좋아. 쓸데없는 아집이나 고집은 오히려 손해를 자초할 수.

5. 이해관계

유가증권이나 계약관계에 의한 것이라면 그런대로 괜찮은 수. 현금을 주고 받아야할 관계라면 속임수가 있겠으니 조심을…

6. 계절과 때

겨울의 11월이나 쥐달이나 쥐날 그리고 오늘밤 11시~새벽 1시 사이와 6, 6, 2에 해당하는 오행의 것들.

7. 건강 관계

중이염이나 신장염 또는 혈액에 관계되는 병이나 피부병에 주의. 주색을 너무 탐해 얻게된 상한병 일수도.

8. 소식의 시기

닭날이나 잣나비의 날에는 전화나 편지가 오겠고, 소날이나 개날에는 직장이나 명예에 관계되는 소식이… 비교적 좋은 소식.

9. 어떤사람

예의를 아주 중히 여기면서 절도가 있어 보이는 사람이긴 하나 겉보기에는 태평한 듯해도 내적으로는 말못할 사연을 가지고 있는 둘째 아들이거나 섬사람이나 뱃사람 또는 은둔자나 도망자…

10. 계절과 날씨

비구름에 가린 달을 볼수겠으나 비가 많이 내리거나 눈 또는 서리나 이슬이 내린 날씨.

11. 어떤 지역

북쪽인데 바다나 호수가 인접해 있거나 습기가 아주 많은 지역. 하수구나 복개공사를 해놓은 지역일수도.

12. 어떤 집

북향으로 지어져 있는 목욕탕이나 사우나탕 또는 술집이나 다방, 제과점, 펌프장이나 지하공간 같은 곳들.

13. 어떤 물건

주로 물과 관계가 깊은 생활 도구이거나 수통 또는 술병이나 물고기류나 돼지 또는 관상어 같은 것들.

14. 집안 운수

12월과 3, 9월에 도적을 조심해야. 아이들은 건강하겠지만 어른들의 건강이 염려.

15. 결혼과 애정 관계

한 여자에 두남 자가 서로 좋다 하다가 부모님에 승락을 먼저 얻어낸 사람이 천생연분. 나이가 많은 혼처와 인연.

16. 어떤 음식

돼지고기나 술 또는 청량음료 같은 것과 산해진미들인데 맛이 짜고 매운것들.

17. 출산 관계

산모의 머리를 동쪽으로 향하게 하거나 앉게 하고 그 방향의 병의원을 찾아가면 아들을 낳겠지만 난산의 조짐이 있겠으니 주의를…

18. 교역 관계

전기, 전자, 화공제품 같은 것을 취급하면 이가 있겠는데, 여름과 겨울 이외의 시세는 별로…

19. 출행과 여행

남북으로 움직일 일이 있겠는데 여행지에서 여자를 알게되면 사소한 말썽이 생길수가.

20. 재판 관계

계약상의 하자 때문에 발생한 송사이겠는데 내가 정당하다 할지라도 송사를 벌였다가는 비용만 많이 쓰게 되겠으니 화해가 상책.

21. 묘자리
이좌감향인데 강줄기나 호반을 끼고 있는 혈처. 사계에 관재와 우환이 떠나지 않는 자리.

22. 어떤 성씨
마바파 자가 들어가는 수성(박, 배, 문, 민, 모, 명, 방씨 등이다.)

23. 대학시험
동남이나 서북이 유리한데 이공계열. 예상점수 200점.

63괘 ䷾
수화기제(水火旣濟)
주집제천 음양배합(舟楫濟川 陰陽配合)

1. 현재의 운세

노를 저어 강을 건너 님이 만나질 운세여서 음양의 조화가 아주 멋드러지게 이뤄져 어려웠던 일들이 한꺼번에 풀려나갈 운세.

2. 운세의 전망

물과 불이 함께 만나 조화를 이룬 상. 지금의 성과를 오래 간직하기 위해서라면 마음의 동요를 일으키지 말고 안정된 긍지를 갖고 처신해야.

3. 주의 할 점

자기의 생각대로 이뤄질듯 하면서도 아슬아슬하게 지연될 수 조심해야.

4. 소망과 재수

지금의 사안을 가장 충실히 관리해 나가야… 환경의 변화를 주시해야 할때. 지나친 확장이나 변업은 금물. 말날이나 뱀날 재운 좋아.

5. 이해관계

상대의 실력이나 나의 실력이 엇비슷하기 때문에 동업이나 합작등의 일에 100/50에 이득이 있어.

6. 계절과 때

겨울의 11월이나 쥐달 쥐날 그리고 오늘밤 11시~새벽 1시 사이와 6, 6, 3에 해당하는 오행의 것들.

7. 건강 관계

고혈압, 저혈압과 같은 혈행병과 신장 및 심장질환인데 주로 신경성으로 나타난다. 증세가 더하지 않겠으나, 상당히 오랜 시간이 걸리겠으니 주의.

8. 소식의 시기

잣나비날과 닭날에는 전화나 편지가 오겠고 용날이나 개날에는 직장이나 명예에 관계되는 소식이… 비교적 좋은 소식.

9. 어떤사람

외교수완이 아주 능한 사람이거나 기거 동작이 아주 정확한 유명인사인데 둘째이겠고 마도로스나 도서인 일수도.

10. 계절과 날씨

비가 오고난 다음에 맑아. 달을 볼 수 있는 날씨인데 눈이나 서리가…

11. 어떤 지역

북쪽인데 바다나 호수에 인접해 있거나 습기가 아주 많은 도서지역이거나 강마을. 구획정리 예정지역 일수도.

12. 어떤 집

북향으로 지어져 있는 목욕탕이나 사우나탕 또는 수영장, 다방, 제과점, 펌프장이나 지하공간 같은 곳.

13. 어떤 물건

주로 물과 관계가 깊은 생활 도구이거나 수통 또는 술병이나 물고기류 그리고 돼지 또는 관상어 같은 것들.

14. 집안 운수

불이나 물을 조심해야… 여름의 재수가 형통하고 가을에는 문서상으로 좋은 일이.

15. 결혼과 애정 관계

한 여자에 본인들의 의사와는 관계없이 부모들의 권유에 못이겨 결혼은 이뤄지겠지만 본인들끼리는 불만있는 결혼이. 남자 둘 여자 둘의 사각 관계일수도.

16. 어떤 음식

돼지고기나 냉면, 메밀묵 또는 삼계탕과 같은 영양식. 국물이 많고 매콤한 것들.

17. 출산 관계

산모의 머리를 동쪽으로 향하게 하거나 앉게 하고 그 방향의 병의원을 찾아가면 딸을 낳겠는데 난산이 염려…

18. 교역 관계

봄에는 재수가 좋겠고 사계월엔 별로 재미가 없어 시세의 하락에 대비해야…

19. 출행과 여행

남북으로 움직일 일이 있겠는데 여행지에서 연상의 사람을 알게 되면 신경쓸 일이…

20. 재판 관계

이미 결정돼 있는 문제. 너무 서두르지 말고 서로간에 의견을 존중해가면서 화해하는게 상책.

21. 묘자리

이좌(離坐)감향인데 강줄기나 호반을 끼고 있는 혈처인데 물이 들기 쉬운자리.

22. 어떤 성씨

마바파자가 들어가는 수성(박, 배, 문, 민, 모, 명, 방씨 등이다).

23. 대학시험

동북이나 서북이 좋은데 이공계열. 예상점수 240점.

64괘 ䷂

수뢰둔(水雷屯)

용거천수 만물시생(龍居淺水 萬物始生)

1. 현재의 운세

용이 잔잔한 물속에 살고 있어 만물이 시생한다 하였으니 지금은 곤궁에 처해 있을지라도 앞으로는 좋은 일이 많아질 기미가…

2. 운세의 전망

충천해 있는 용기와 신념을 펴볼 수가 없어 답답할지라도 땅이 굳어 싹을 틔워보지 못한 새싹같은 운세다. 조금만 더참고 견뎌내야…

3. 주의 할 점

단기간내에 승부를 거는 일에는 백전 백패의 고전이 염려되니 성급한 행동은 금물.

4. 소망과 재수

아직은 때가 아니라서 자기의 뜻처럼 이루기가 힘들어. 시간을 벌면 뒤늦게나마 이뤄질 수.

5. 이해관계

상대와 나의 견해차이 때문에 나이 많은 여자가 개입되면 의외의 성사가.

6. 계절과 때

겨울의 10월이나 돼지달이나 돼지날 그리고 오늘밤 9시~11시까지의 사이와 1, 6, 4에 해당하는 오행의 것들.

7. 건강 관계

삼초나 대장계통 질환이 염려. 동쪽의 병의원 찾아가면 효험 있어. 혈액에 관계되는 것이거나 위장의 허냉증 같은 것에도 유의를…

8. 소식의 시기

잣나비날과 닭날에는 전화나 편지가 오겠고 용날이나 개날에는 직장이나 명예에 관계되는 소식이. 기대했던 것보다 실망이 큰것들이기 쉬워.

9. 어떤사람

겉보기에는 유순해 보이는 사람같지만 속으로는 아주 강인한 기질이 있는 둘째 아들이거나 섬에서 사는 사람이나 뱃사람 또는 도적일수도.

10. 계절과 날씨

비나 눈이 오고난 다음에 달을 볼 수 있는 날씨. 서리나 이슬이 내릴수도…

11. 어떤 지역

북쪽인데 바다나 호수가 인접해 있거나 우물이 있는 지역 또는 습기가 아주 많은 냇가 같은 곳.

12. 어떤 집

북향으로 지어있는 정자나 펌프장 또는 술집이거나 유람용으로 지은 수상가옥 같은 집.

13. 어떤 물건

주로 물과 관계가 깊은 생활도구인데 활처럼 휘어진 것들인데 주로 허리에 차고 다닐수 있는 물건들이거나 물고기 또는 물가운데 있는 것들.

14. 집안 운수

불조심, 물조심 여름에는 재수 있고 가을에는 문서 받아.

15. 결혼과 애정 관계

두 여자에 두 남자가 오락가락해 마음잡기 힘드는 애정관계. 기혼자는 동가식 서가숙하는 바람 바람이 문제.

16. 어떤 음식

돼지고기나 활어회 또는 해산물로 만든 진미인데 비교적 뼈가 많은 것들.

17. 출산 관계

산모의 머리를 동쪽으로 향하게 하거나 앉게 하고 그 방향의 병의원을 찾아가면 아들을 낳겠지만 난산이 염려.

18. 교역 관계

관청을 상대하는 것이 아니라면 법적으로 제약을 받을수 있는 상품이기 쉬워.

19. 출행과 여행

북쪽으로 움직일 일이 있겠는데 여행중에 도적이나 실물수가 있거나 재판을 일으키게 될 일이.

20. 재판 관계

실물때문에 제기되기 쉬운 사건인데 상대보다 내가 불리해 증거가 불충분하기 때문.

21. 묘자리

이좌감향인데 강줄기나 호반을 끼고 있는 혈처인데 아주 높은 지대.

22. 어떤 성씨

마바파자가 들어가는 수성(박, 배, 문, 민, 모, 명, 방씨 등이다.)

23. 대학시험

동북이나 서북이 유리한데, 경쟁이 너무 치열. 이공계 예상점수 240점.

65괘 ䷯

수풍정 (水風井)

고산식목 이소적대(高山植木 以小積大)

1. 현재의 운세

높은 산에 나무심기 같고, 우물에 가득찬 물을 퍼쓰려해도 두레박줄이 짧아 퍼 쓸수 없는것 같은 운세. 끈기와 인내로 밀고 나가야 할때.

2. 운세의 전망

눈에 보이는 현실에 마음만 바빠보았자 노력없이는 자기것으로 만들 수가 없는 것처럼 주위 사람들과 의견일치가 선행돼야 할때.

3. 주의 할 점

주어진 여건에 순응해 나갈수 있는 아량을 길러야만 결실을 거둘수 있어.

4. 소망과 재수

하고싶은 일에 애로나 장애가 많아 전복이 염려. 자기 힘과 남의 힘이 함께 융화할 수 있도록 힘써 나가면 좋아.

5. 이해관계

상대는 강하고 나는 약하기 때문에 적은것부터 만족해가면서 다가올 미래를 기약해 나가면 좋아.

6. 계절과 때

봄의 2월과 토끼달과 날 그리고 오늘아침 5시~6시까지의 사이와 4, 6, 5에 해당하는 오행의 시기.

7. 건강 관계

귓병이 재발할 위험이… 간장 질환이나 신경성 질환 또는 자궁 부속기관의 질병에 유의를…

8. 소식의 시기

돼지날이나 쥐날에는 전화나 편지가 오겠고 닭날이나 잣나비의 날은 명예에 관계되는 소식이… 기대했던 것보다 어려운 조건이 …

9. 어떤사람

동서를 분간할 수 없이 바삐 돌아 다녀야만 하는 성격의 소유자. 물장사 또는 요식업소나 술집을 경영하고 있는 장남이거나 셋째.

10. 계절과 날씨

낙뇌를 동반한 호우가 내리거나 잔뜩 흐린 날씨.

11. 어떤 지역

동쪽인데 대로변에 인접해있는 우물 근처의 지역. 울창한 거목의 숲이 우거져 있을 수도.

12. 어떤 집

동향으로 지어져 있는데 집안에 우물이 있는 목조건물.

13. 어떤 물건

물통 또는 나무나 대나무로 만든 악기나 생활도구 또는 용, 거북이 그리고 수륙이나 공중을 자유로이 날고 갈 수 있는 것들.

14. 집안 운수

문서상으로 생겨난 하자 때문에 집안이 어수선해질 일이.

15. 결혼과 애정 관계

두 여자에 한 남자가 삼각으로 얽혀지기 쉬운 인연관계가… 결혼은 부모들의 승락이 열쇠. 기혼자는 남녀관계 때문에 가정불화가…

16. 어떤 음식

선박으로 운송해온 식품인데 주로 생선류나 제육같은 것으로 만든 음식인데 그 맛이 새큼하면서 달콤한 것들.

17. 출산 관계

산모를 남쪽으로 향해 눕게 하거나 앉게 하고 그 방향의 병의원을 찾아가면 아들인데 난산이 염려.

18. 교역 관계

시세가 올라갔다 내렸다 하면서 변동이 심해 매점매석은 힘들지만 적은 이권은 얻어져.

19. 출행과 여행

북쪽으로 움직이면 이롭겠는데, 여행중에 산중에 사는 사람이 만나질수. 여자와의 동행은 말썽의 소지가…

20. 재판 관계

토지나 곡물 관계의 재판인데 승소는 하지만 신나는 판결은 없어. 증거가 부실하기 때문.

21. 묘자리

유좌진향인데 산림이 무성하게 우거져 있는 산중의 혈처. 높은 지대.

22. 어떤 성씨

가카자가 들어가는 목성(김, 고, 구, 권, 강, 길, 곽씨 등이
다.)

23. 대학시험

서쪽이면 유리하겠는데 인문계. 예상점수 260점. 또 한번의 응
시예상.

66괘 ䷜

감위수 (坎爲水)

선섭중탄 외허내실(船涉重灘 外虛內實)

1. 현재의 운세

거친 파도를 헤쳐 나아가는 배한척. 보기에는 아슬아슬해 보이지만 보기 보다 안전한 운수여서 약간의 어려움만 이겨내면 좋아질 운세.

2. 운세의 전망

사면초가격으로 위태위태한 궁지에 말려들어 있기 때문에 일파말식의 투지로 굳세게 이겨 나가면 반드시 노력 이상의 댓가가…

3. 주의 할 점

앞으로 나아갈 수도 없고 뒤로 물러설 수도 없는 궁지에 휘말리기 쉽겠으니 신중을… 형벌수나 시비수를 조심해야.

4. 소망과 재수

세상이 원망스러워질 정도로 도와줄 사람하나 없는것 같은 고독이. 그러나 수많은 애로와 난관을 극복하고 나면 전화위복의 시기가… 말날과 뱀날은 약간의 재물운이.

5. 이해관계

상대와 나 사이에 너무 다른 견해차 때문에 어느 한쪽도 양보할 수 없는 입장. 그래서 내것을 주는것은 상관 없겠으나 구하려 하면 헛수고.

6. 계절과 때

11월인 쥐달과 쥐날 그리고 오늘밤 11시에서 다음날 새벽 1시까지의 사이와 1, 6, 3에 해당하는 시기.

7. 건강 관계

혈행과 관계된 질병인데 주로 신경성질환이 염려. 눈병, 산부인과 계통의 염증증세나 성병 그리고 습진 같은 것에 유의를…

8. 소식의 시기

잣나비 날이나 닭날에는 전화나 편지가 있겠고, 용날이나 개날에는 명예나 직장에 관계되는 소식듣게 되겠지만 기대했던 것보다 실망적인 소식.

9. 어떤사람

상대하기 위험한 비굴함이 있는 사람. 둘째인데 섬중이나 호반 근처에 살고 직업이 뱃사람이거나 도적일수도.

10. 계절과 날씨

비가 많이 내리거나 눈이오는 날씨인데 폭우나 폭설이…

11. 어떤 지역

북쪽인데 하수 종말 처리장 같은 곳이 있거나 저수장 같은 시설이 되어 있는 비습지.

12. 어떤 집

북향으로 지어졌는데 비어홀이나 살롱 또는 객주집이나 목욕탕 같은 것들.

13. 어떤 물건

범선, 나룻배, 물통이나 물차같은 것이거나 잉어, 가물치, 뱀장어 같은 수중물 들.

14. 집안 운수

가정이 불안하고 신경성 환자 때문에 겨울과 여름에 신경쓸 일에 주의.

15. 결혼과 애정 관계

번개처럼 만났다가 벼락처럼 헤어지고 마는 기연이 맺어질 위험이… 결혼이 이뤄져도 백년해로는 어려운 인연.

16. 어떤 음식

산해진미가 고루 갖춰진 음식 또는 청량음료나 각종의 술 같은 것들.

17. 출산 관계

산모를 동쪽으로 향해 눕게 하거나 앉게 하고 그 방향의 병의원을 찾아가면 둘째딸인데, 유산이나 난산이… 산모의 건강에 유의를…

18. 교역 관계

상품의 시세에 변동이 너무 심해 한번은 얻겠지만 한번은 잃을 수이니 과욕은 금물.

19. 출행과 여행

북쪽으로 움직일이 있겠는데 중도에서 물날리를 당하거나 도적을 만날 일이 염려. 동행자가 있다해도 손해만 끼쳐…

20. 재판 관계

원고측이나 피고측 모두가 손해만 있고 승소를 하지 못할 사건. 한번은 이기고 한번은 저 가면서 업치락 뒤치락 하는 시소 게임같은 재판.

21. 묘자리

오좌감향인데 호반이나 강줄기를 끼고 있는 수변지역의 혈처.
괴질이나 정신질환의 환자가 속출하는 자리.

22. 어떤 성씨

마바파자가 들어가는 수성.(박, 배, 백, 문, 민, 모, 명, 방씨
등이다)

23. 대학시험

동남이나 서북이 좋은데 이공계. 예상점수 240점.

67괘 ䷦

수산건(水山蹇)

비조사로 석암향명(飛鳥舍蘆 昔暗向明)

1. 현재의 운세

날아가던 철새가 다리를 다쳐 갈대숲에 둥지를 마련하려는 운세. 암울했던 지난일을 모두 떨쳐 버리고 새로운 앞길을 열어가는 운세.

2. 운세의 전망

상당한 고난을 헤쳐가야 할 시기. 두다리로 걷고 뛰어도 시원치 않을터인데 절름 걸음으로 전진을 꾀하려면 얼마나 고달프겠는가?

그러나 꾸준한 정진을 시도해 나가면 좋은 결과가…

3. 주의 할 점

남보다 잘난체 해가면서 웃줄대지 말아야… 자기에게 주어진 직분에 충실히 해가면서 때를 기다리는게 상책.

4. 소망과 재수

돈을 벌 수 있는 일이라면 관청을 상대로한 계약관계 밖에는 없겠으니 다른 분야에서는 기대를 하지 말아야… 쥐날이나 토끼날에는 약간의 재운이 열어질 수.

5. 이해관계

상대측에서는 나를 돕겠다고 하지만 중간에 끼어든 사람이 한 몫을 챙기려 하기 때문에 기대보다는 적은 소득이…

6. 계절과 때

가을의 8월달과 닭날 그리고 오늘 오후 5시~7시까지의 사이와 2, 6, 7에 해당하는 오행의 시기.

7. 건강 관계

교통사고나 등산험로 같은 곳에서의 추락사고에 의한 하체의 절상이나 타박상에 주의를… 심장과 소장질환도.

8. 소식의 시기

용날이나 개날에는 전화나 편지가 있겠고, 뱀날이나 말날에는 명예에나 직장에 관계되는 소식있지만 기대했던 것은 뒤늦게야 이뤄질 소식.

9. 어떤사람

싱글벙글 해가면서 웃음이 헤픈 막내딸이나 작은 딸인데 별로 재간도 없는 무녀나 무희, 탤런트, 가수 또는 연예인.

10. 계절과 날씨

비가 내리는 날씨. 겨울이면 초생달을 볼 수 있는 으스럼한 달밤.

11. 어떤 지역

서쪽인데 산사태 같은것 때문에 산이 허물어져 있는 지역의 근처. 그 산의 꼭대기에는 천지연 같은 호수가 있을 수도.

12. 어떤 집

서향으로 지어진 집인데 연못 가운데에 있거나 근처인데 담장이 허물어진 집.

13. 어떤 물건

금속으로 만들어진 악기나 칼 또는 패물류와 개나 토끼 또는 병든 물고기들.

14. 집안 운수

우환이 끊일 사이가 없겠고 5월이나 11월에 관사나 구설수가 생겨날수…

15. 결혼과 애정 관계

한 여자를 두 남자가 서로 겨뤄 임자가 있는 여자이기 쉽겠으니 주의를… 결혼이 이뤄진다 해도 문제있는 배필…

16. 어떤 음식

맛이 새콤하면서도 쓴맛이 나는 음식 뱀장어나 토끼고기 같은 것일 수도.

17. 출산 관계

산모를 북쪽으로 향해 눕게 하거나 앉게 하고 그 방향의 병의원을 찾아가면 둘째 딸인데 유산이나 난산의 조짐 있겠으니 산모의 건강에 유의를…

18. 교역 관계

상품의 시세가 봄과 가을에는 변동이 매우 심해. 목재제품이나 지물 또는 섬유류면 그런대로…

19. 출행과 여행

여행의 중도에서 사고가 염려. 항공기, 선박, 육로여행 모두 조심을… 의외의 사고 때문에 다리를 다칠수가.

20. 재판 관계

분쟁을 일으킨 쪽의 의사에 동조해주면 화해의 길이 송사로 끌고가면 패소는 물론이고 재산까지 탕진할 수.

21. 묘자리

묘좌유향인데 혈처에 물이들 장소. 이전에 구묘가 있었던 자리이기 쉽고 냉습풍한의 환자가 속출할 자리.

22. 어떤 성씨

사자차가 들어가는 금성. (송, 신, 전, 주, 차, 진, 심, 장, 최 씨 등이다)

23. 대학시험

남쪽이 유리한데 경쟁이 너무 치열. 예상점수 255점.

68괘

수지비(水地比)

지상수행 중성공비(地上水行 衆星供比)

1. 현재의 운세

땅에 고인 물이 별빛이 비쳐진 상이라서 모든 사람들과 서로 친해둬야 좋은일이 생겨날 수. 상부상조의 협력관계가 있는 사업 이면 좋아.

2. 운세의 전망

마음 가짐을 바르게 해 남들과 친해두면 가는것 이상으로 돌아 와질 운세이니 남녀를 가리지 말고 친해두면 공생공리의 협력관 계가 원활해질 수.

3. 주의 할 점

하고싶은 일이 있거든 남을 앞서야만 실속 있어. 양보와 포기 는 절대 금물.

4. 소망과 재수

돈을 벌수 있는 일이라면 관청을 상대하거나 여인들을 상대한 업종이 가장 좋아. 쥐날이나 돼지날엔 재운이 열려.

5. 이해관계

여자나 친지 또는 자기의 도움으로 소원 이뤄. 유흥업에 관계되는 업종이면 더욱 좋은 결과가…

6. 계절과 때

3, 6, 9, 12월인 사계월이나 소, 용, 양, 개달이나 날 그리고 오늘아침 7~9시 13시에서 17시 19시~21시, 1시~3시 사이와 8, 6, 5, 1, 0에 해당하는 시기.

7. 건강 관계

신경성으로 오는 간담질환과 피부병 그리고 소화기 계통의 질환에 유의.

8. 소식의 시기

말날이나 뱀날에는 전화나 편지가 있겠고 범날이나 토끼날은 명예관계나 직장과 관계되는 소식 있겠는데, 기대했던 것보다 좋은 결과가. 출자는 말날이나 뱀날 돌아와.

9. 어떤사람

자린고비처럼 인색한 사람들. 비교적 많은 무리의 고향사람 이거나 나이가 많은 노모나 의모 같은 사람.

10. 계절과 날씨

구름이 끼거나 비가 내리는 날씨. 봄이나 가을이면 안개가 많은 날씨.

11. 어떤 지역

서남쪽인데 전원이나 평원 또는 농원이 형성돼 있는 평지.

12. 어떤 집

서남향으로 지어져 있는 거대한 창고나 촌가나 우사, 작은집. 울타리가 허술해.

13. 어떤 물건

네모가 나있는 물건. 쌀, 콩, 보리, 조, 팥 종류와 질그릇이나 면제품 또는 실 따위와 소나 암말들.

14. 집안 운수

집안은 화목하겠으나 봄의 삼개월 동안은 약간 불안한 일이…

15. 결혼과 애정 관계

한 남자와 한 여자가 부창부수 해가면서 좋은 배필이 만나지겠으나 약간의 고민이 있겠고 과부의 집안과 인연 있어.

16. 어떤 음식

쇠고기나 야채를 재료로 쓴 음식과 오곡을 합한 잡곡밥 등.

17. 출산 관계

산모를 서남쪽으로 향해 눕게 하거나 앉게 하고 그 방향의 병의원을 찾아가면 딸을 낳겠는데, 아이의 건강에 약간의 문제가 있겠으니 신중을…

18. 교역 관계

오곡이나 주단 포목 같은 것이 유리한데 가을부터 겨울까지가 좋은 시기.

19. 출행과 여행

동북방의 산지 여행은 불리. 서남방이나 귀향길은 상관없어.

20. 재판 관계

친지나 지기등의 협력에 의해 잘 해결될터. 6월달이 종식의 시기.

21. 묘자리

간좌곤향인데 햇볕이 아주 잘드는 양지바른 전원이나 벌판을 끼고 있는 혈처. 봄철에는 관재가 끊이지 않을 자리.

22. 어떤 성씨

아하자가 들어가는 토성.(허, 한, 홍, 우, 안, 임, 윤, 황씨 등
이다)

23. 대학시험

남쪽이 유리한데 인문계. 예상점수 260점.

71괘 ䷙
산천대축 (山川大畜)

용잠대항 만물시생 (龍潛大塽 萬物始生)

1. 현재의 운세

크게 쌓인다. 흙을 모아 산을 만든 것처럼 많이 모이고 쌓여가는 운세라서 농민은 풍년을 구가하겠고 상인은 재물이 풍부해질 운세.

2. 운세의 전망

지금까지 노력만하고 결실을 거두지 못했던 일들이 결실을 보게돼 비어있던 창고가 가득해 지도록 좋은 일이 있겠으니 힘껏 매진해야 할 때.

3. 주의 할 점

하고싶은 일이 많더라도 사적인것 보다는 공익과 관계되는 일에 더욱더 박차를… 사적인 일이라면 치밀한 계획정도만…

4. 소망과 재수

작은 노력이 쌓이고 쌓여 성공을 거두게 되어있는 운수이기 때

문에 성급한 처신은 삼가해야… 쥐날이나 돼지날에는 재운 있어
…

5. 이해관계

지금 만나고 있는 사람이 여자라면 도움돼 줄터. 마음을 굳게
다져 먹으면 반드시 좋은 일이. 명예관계나 직장관계라면 더욱
좋아.

6. 계절과 때

12월달에 해당하는 소달이나 소날 그리고 오늘의 새벽 1~3시
까지의 사이와 7, 7, 1에 해당하는 오행의 시간.

7. 건강 관계

손이나 손가락 등의 피부병에 유의. 비위가 허약해지거나 신장
계통의 이상이 생길수도.

8. 소식의 시기

말날이나 뱀날에는 전화나 편지가 있겠고, 범날이나 토끼날에
는 명예관계나 직장과 관계되는 소식 있겠는데 기대했던 것보다
아주 좋은 결과가.

9. 어떤사람

산중에 살고 있는 사람인데 작은 아들이다 참을성이 많아 묵묵
하게 자기의 할일만 해나가는 유형의 사람.

10. 계절과 날씨

높은 산에는 정상까지 구름이 덮혀 있으나 비교적 맑은 날씨인
데 산바람이 거센 날씨.

11. 어떤 지역

동북쪽인데 옛날에 쌓아 놓은 성곽이나 산성이 있고 분묘가 있
는 지역.

12. 어떤 집

동북향으로 지어져 있는 거대한 규모의 누각이나 빌딩같은 집 인데 대로가 인접해 있어.

13. 어떤 물건

흙에서 생산되는 물건들. 개, 다람쥐, 멧돼지 같은 동물 들.

14. 집안 운수

집안이 편안하겠으나 이사를 하는게 더 좋아. 동북쪽으로 가는 것보다 서남쪽이 길한 방향.

15. 결혼과 애정 관계

적극적으로 따라붙는 여자와의 혼담이 겨울쯤이나 결혼. 천생 배필이 만나질 수.

16. 어떤 음식

감자나 토란, 고구마, 땅콩 같은 것으로 만든 음식이거나 야채 류로 만든 사라다 같은 것인데 맛이 달콤한 음식들.

17. 출산 관계

산모를 서쪽으로 향해 눕게 하거나 앉게 하고 그 방향의 병의 원을 찾아가면 아들을 낳겠는데 예정일이 조금 지난 다음에야 출 산.

18. 교역 관계

산림과 관계되는 생산품이거나 오곡 또는 광물 같은것의 무역 이 좋아.

19. 출행과 여행

동북방의 산지 여행은 불리하고 서남방이 유리한데 사업적인 것이면 아주 좋아.

20. 재판 관계

시일을 끌지말고 빨리 해결하는게 유리. 6월달이 종식의 시기.

21. 묘자리

곤파간향인데 상당히 높은 지대에 위치해 있는 혈처인데 지반
에는 돌이 깔려 있을 가능성이.

22. 어떤 성씨

아하자가 들어가는 토성.(허, 한, 홍, 우, 안, 임, 윤, 황씨 등
이다)

23. 대학시험

동쪽이면 치열한 경쟁에 이겨. 예상점수 270점.

72괘 ☶☱

산택손(山澤損)

책석견옥 굴출위산(책石見玉 堀出爲山)

1. 현재의 운세

옥을 캐기 위해 땅을 파들어 가는데, 그 흙이 산을 이룰 운세. 노력보다 결과가 적은 운수이기 때문에 희생과 봉사로서 보람을 찾아야 할 때.

2. 운세의 전망

덜어낸다 손해수가 끼어있다라는 의미가 있는 괘상이기 때문에 제아무리 아깝고 또 아깝더라도 남을 돕게 되면 복이 되어질터.

3. 주의 할 점

지금 추진하고 있는 일에서 보다 또다른 일에 의해 성공을 거둘수니, 신중을 기해두는게 상책.

4. 소망과 재수

반은 잃고 반은 얻는 수. 나가는게 먼저고 들어오는 것은 나중이다. 적선지하에 필유여경에 해당하는 수. 말날에는 돈이 나가겠지만 쥐날에는 재운이…

5. 이해관계

먼저는 조금의 손해를 본듯하다가 나중에는 이익. 해산물이나 광물같은 것에서는 이익이.

6. 계절과 때

12월달에 해당하는 소달이나 소날 그리고 오늘의 새벽 1~3시 까지의 사이와 7, 7, 2에 해당하는 오행의 시간.

7. 건강 관계

지나친 활동에서 오는 과로 때문에 생겨나기 쉬운 색욕. 과로 나 정신신경계통의 질환이나 비위허약증.

8. 소식의 시기

말날이나 뱀날에는 전화나 편지가 오겠고, 범날이나 토끼날에 는 명예나 직장에 관계되는 소식이 있겠는데 기대했던 것은 실 망.

9. 어떤사람

산중에 살고 있는 작은 아들인데, 아주 한가한 것을 좋아 하는 사람. 자칫 잘못했다간 배신의 소지가…

10. 계절과 날씨

잔뜩 흐리거나 안개가 자욱하게 낀 날씨에다 산바람이 일고 비 가 올수도.

11. 어떤 지역

동북쪽인데 공원묘지 같은 것이 위치해 있는 지역. 경사도가 매우심한 지역.

12. 어떤 집

동북향으로 지어져 있는 집인데 허물어진 산성과 인접해있는 '큰 길을 끼고 있는 집.

13. 어떤 물건

흙에서 생산되는 물건들. 속이 깨졌거나 금이간 수박, 참외, 과일이나 다람쥐, 들소 같은 것들.

14. 집안 운수

집안이 불안하겠고 가족들 간에 불화가 예상. 봄에는 불란이 있겠고 이사하면 좋아져.

15. 결혼과 애정 관계

두 남자가 한 여자를 서로 좋아할 수. 겨울쯤에 경쟁에서 자기 사람으로 맞아들일 수. 내연관계가 염려.

16. 어떤 음식

감자나 토란, 고구마, 땅콩 같은 것으로 만든 음식이거나 산짐승 고기 요리같은 것인데 맛이 달콤한 것들.

17. 출산 관계

산모를 서쪽으로 향해 눕게 하거나 앉게 하고 그 방향의 병원을 찾아가면 아들을 낳겠는데 산모의 건강이 염려.

18. 교역 관계

시세의 하락 때문에 당장에는 이득이 없으나 시일만 약간 늦추면 손해는 없어.

19. 출행과 여행

동북방의 산지 여행은 불리하고 예정일보다 늦게 돌아와질 일이 생겨. 원행은 삼가해야…

20. 재판 관계

독자적으로 해결하기 힘이 들겠으니, 선배나 어른의 조언을 받아야 유리.

21. 묘자리

곤좌간향인데 혈중에 수맥이 통과한 자리일수도. 혈처에 .돌이 깔려 있을수도.

22. 어떤 성씨

아하자가 들어가는 토성.(허, 한, 홍, 우, 안, 임, 윤, 황씨 등
이다)

23. 대학시험

동쪽이면 유리하고 인문계가 유리. 치열한 경쟁이 문제. 예상
점수 189점.

73괘 ䷕

산화비 (山火賁)

맹호입함 광명통태(猛虎入陷 光明通泰)

1. 현재의 운세

사나운 호랑이가 함정에 빠진 상이지만 광명이 찾아올 운수. 잘못 남들의 속임수에 걸려들면 그것이 곧 함정.

2. 운세의 전망

자기 과신에 도취해 있게 되면 적을 불러들여 손해를 자초하기 쉽겠으니 주의를…

3. 주의 할 점

나의 실수로 인해 이별할 일이 있을 수도. 문서관리에 신경써야 부도 면해. 계약관계에 신중을…

4. 소망과 재수

제아무리 쓰고싶지 않다 할지라도 돈쓸 일이. 차라리 광고나 선전을 위해 지출해 버리는게 나을터. 쥐날과 돼지날에는 약간의 재운 열려.

5. 이해관계

마음과 같이 성급하게 이권이 얻어지지 않겠으니, 느긋한 마음으로 때를 기다려야 늦게나마 조금 얻어.

6. 계절과 때

12월과 9월, 3월, 6월에 해당하는 토왕지절과 소, 개, 닭, 양달이나 양날과 7, 5, 10에 해당하는 시기와 오늘의 1~3시 7~9시 13시~15시 17시~19시까지의 사이.

7. 건강 관계

과로에서 얻어진 신경쇠약증이나 비위의 허약증 또는 알콜중독 증세같은 것에 주의를…

8. 소식의 시기

말날이나 뱀날에는 전화나 편지가 오겠고, 범날이나 토끼날에는 명예나 직장과 관계되는 소식 있겠는데 처음에는 놀랄 일이 있겠으나 나중에는 기쁜소식.

9. 어떤사람

배신의 소지가 많은 산골 사람인데, 작은 아들이고 별로 할일이 없는 실업자. 이 사람을 가까이하면 자못 손해를 끼쳐줄 수도.

10. 계절과 날씨

잔뜩 흐리거나 구름이 끼어 있다가 맑게 개인 다음에 산바람이 거세게 불겠으나 석양 노을을 볼 수 있어.

11. 어떤 지역

동북쪽인데 산성을 끼고 있는 지름길이 나 있는 언덕 근처.

12. 어떤 집

동북향으로 지어져 있는 집인데 도로가 가까운 산밑에 위치해 있는 외딴 집.

13. 어떤 물건

흙에서 생산되는 물건들인데 색깔이 노란색을 띤 것. 들이나 호랑이, 개, 쥐, 다람쥐나 여우 같은 것들.

14. 집안 운수

가족들의 불화가 예상… 서남쪽으로 이사하면 편안해져.

15. 결혼과 애정 관계

두 남자에 두 여자가 서로 다른 마음인데 겨울쯤에나 성혼될 터. 기혼자는 바람 바람이 염려.

16. 어떤 음식

죽순이나 산나물 또는 나르는 조수류의 요리 또는 산짐승 요리와 산나물 같은 것들.

17. 출산 관계

산모를 서쪽으로 향해 눕게 하거나 앉게 하고 그 방향의 병의원을 찾아가면 아들을 낳겠으나 유산이나 난산이 염려.

18. 교역 관계

여름에는 시세가 하락하여 손해가 염려되고 겨울이면 이득 많아. 해산물이면 더 많은 이득 있어.

19. 출행과 여행

항공기나 선박 여행은 절대 삼가야 의외의 사고로 인해 생명에 위험이…

20. 재판 관계

해결하기 어려운 분쟁으로 인해 화해가 될듯 하다가 또다시 제소될터. 6월달이 종식의 시기.

21. 묘자리

곤좌간향인데 혈중에 암석이 깔려있거나 화맥이나 지진대에 속한 자리. 봄이면 관재나 우환이 끝이지 않을 자리.

22. 어떤 성씨

아하자가 들어가는 토성.(허, 한, 홍, 우, 안, 임, 윤, 황씨 등
이다)

23. 대학시험

동쪽이면 유리한데 인문계. 예상점수 240점.

74괘 ䷚

산뇌이 (山雷頤)

용은심연 근선원악 (龍隱沈淵 近善遠惡)

1. 현재의 운세

용이 깊은 물에 잠겨 있어 가까이는 착한 일이 많은것 같지만 멀리는 이롭지 못한 일에 시달림이 있을 수.

지금의 안일이 영원한 것이 아니라는 사실을 명심해야…

2. 운세의 전망

입안에 음식을 가득 물고 있는 상태같아 입이 있어도 할 말을 하지 못할일이…

3. 주의 할 점

말을 조심하지 않으면 노력의 댓가가 헛수고가 돼. 말조심해야 …

4. 소망과 재수

이뤄지기는 하지만 자신의 생각보다 조금 다른 결과가 나와질 터. 입을 다문채 자기에게 주어진 일에만 열중하면 좋아. 양날과 소날에 약간의 재운이…

5. 이해관계

문서적인 것이나 여인과 관계되는 것이라면 조금 유리. 상대를 움직이려 하지말고 때를 기다리면 좋아.

6. 계절과 때

봄의 3월과 4월. 용날이나 뱀날 그리고 오늘 아침 7시~11시까지의 사이와 3, 5, 8에 해당하는 오행의 시기.

7. 건강 관계

위장이나 대장계통의 질환과 풍질이나 치통 등에 유의를…

8. 소식의 시기

돼지날이나 쥐날에는 전화나 편지가 오겠고, 잣나비 날이나 닭날에는 명예나 직장에 관계된 소식 있겠는데, 처음에는 라이벌 문제 때문에 신경이 쓰일터.

9. 어떤사람

욕심이 아주 많은 큰 딸이나 장남 또는 선도 수련자인데 언행이 방정하지 못한 사람.

10. 계절과 날씨

아주 무더운 혹서나 혹한의 날씨인데 바람이 세차게 부는 날씨.

11. 어떤 지역

동남쪽인데 시장이 인접해 있는 지역이거나 과수원 근처.

12. 어떤 집

동남향으로 지어져 있는 사찰이거나 상가로만 밀집되어 있는 곳에 있는 집.

13. 어떤 물건

대나무로 만든 죽세 공예품이거나 또는 목향 그리고 닭이나 곤충과 같은것들.

14. 집안 운수

집안 가족들끼리 불화가 예상되고 가을의 7, 8월엔 이사수가.

15. 결혼과 애정 관계

두 여자를 한꺼번에 좋아하면서도 할 말을 못하고 청혼도 못해 볼 인연.

16. 어떤 음식

맛이 새콤한 야채류의 음식이거나 닭고기나 날짐승을 재료로 한 음식들.

17. 출산 관계

산모를 남쪽으로 향해 눕게 하거나 앉게 하고 그 방향의 병의 원을 찾아가면 아들을 낳겠으나 예정일보다 약간 늦게.

18. 교역 관계

봄에는 별로이고 가을쯤이 좋겠는데, 주로 토산품이나 의류 계 통이 좋아.

19. 출행과 여행

항공기나 선박 여행에는 약간의 위험 있어. 동남쪽의 여행이면 상관 없어.

20. 재판 관계

승소를 한다해도 항소가 제기될터 이권 관계에 타협점을 찾는 게 좋을듯.

21. 묘자리

건좌손향인데 산림이 울창한 곳에 위치해 있는 혈처. 가을이면 재운이 형통할 자리.

22. 어떤 성씨

가카자가 들어가는 목성.(강, 김, 고, 구, 권, 길, 곽씨 등이

다)

23. 대학시험
서쪽이 유리한데 이공계열. 예상점수 255점.

75괘
산풍고(山風蠱)

삼충식혈 이악해선(三蟲食血 以惡害善)

1. 현재의 운세
　세 마리의 벌레가 한 개의 먹이를 먹어 치우려 하는 운세이고 악을 앞세워 선이할 일이 생겨날 운세. 지극히 정당한 일일지라도 자애자중 하는게 상책.

2. 운세의 전망
　두 사람 이상의 사람들과 연관된 일이 서로 얽히고 설켜 해결의 실마리를 찾기 힘들 일이. 자기 혼자만의 이권만을 생각하면 도저히 풀어나갈 수 없는 곤경에 처해질 수가.

3. 주의 할 점
　지금 만나고 있는 사람들을 적대시 하지말고 유대관계에 힘쓰라.

4. 소망과 재수
　이루기가 힘이들터. 한개의 밥풀이라 할지라도 서로의 의사를 존중하여 공평을 기해 나가면 조금은 이뤄져. 양날과 개날에는 약간의 재운이…

5. 이해관계

자기의 주장만을 앞세웠다간 망신이나 당하기 꼭 알맞는 운세. 상대방의 의사를 존중해주게 되면 약간의 이권이…

6. 계절과 때

봄의 3월 4월이나 용날 뱀날 그리고 오늘 아침 7시~11시까지의 사이와 3, 5, 8에 해당하는 오행의 시기.

7. 건강 관계

유행성 감기가 폐병등에 주의를 냉습풍한의 병에도 염려가…

8. 소식의 시기

돼지날이나 쥐날에는 전화나 편지가 오겠고, 잣나비 날이나 닭날에는 명예나 직장과 관계될 소식있겠는데 차라리 듣지 않은것만 못한 소식.

9. 어떤사람

사업에 실패한 사람인데 장녀나 과부 또는 가수나 무희들. 품행이 그리 방정하지 못한 이기주의자 일수도.

10. 계절과 날씨

산바람이 아주 강하게 불었다 약하게 불었다 하면서 도무지 걷잡을수가 없을 정도의 날씨.

11. 어떤 지역

동남쪽인데 과수원이나 화원 같은것이 위치해 있는 지역 이즈러진 지역.

12. 어떤 집

동남향으로 지어져 있는 사찰이나 숲이 우거진 곳에 위치한 요정이나 음식점.

13. 어떤 물건

대나무로 만든 죽세 공예품이거나 향나무제품 또는 밧줄같은 것들.

14. 집안 운수

집안 가족들이나 이웃끼리 서로 다툴일이 4월달엔 이사수가 있게 될터.

15. 결혼과 애정 관계

한꺼번에 두 세 군데의 혼처가 나타나지만 결혼까지는 상당히 문제가.

16. 어떤 음식

맛이 떫떠름하면서 부패했고 닭이나 야채를 원료로쓴 음식들.

17. 출산 관계

산모를 남쪽으로 향해 눕게 하거나 안게 하고 그 방향의 병의원을 찾아가면 아들을 낳겠으나 명이 짧은 아이일수도.

18. 교역 관계

세 사람 이상이 합작으로 추진하는 일이라면 약간의 이득이. 건어물이나 박제 제품 같은게 좋아.

19. 출행과 여행

장거리 여행과 항공기나 선박 여행은 여행중에 신병을 얻게 될이.

20. 재판 관계

금전관계의 소송인데 여러사람의 비난을 면치 못한 사건이 되기 쉽겠으니 조심을…

21. 묘자리

건좌손향인데 산림이 울창한 곳에 위치해 있는 혈처. 가을이면 곤재나 손재가 끊이질 않을 자리.

22. 어떤 성씨

카자가 들어가는 목성. (강, 김, 고, 구, 권, 길, 곽씨 등이다)

23. 대학시험

서쪽이 유리한데 인문계. 너무 치열한 경쟁이 문제. 예상점수
250점.

76괘 ䷃

산수몽 (山水蒙)

입장초연 만물시생 (入藏草煙 萬物始生)

1. 현재의 운세

마른 풀섶에 불이 붙은 상이라서 앞길이 몽롱해지기 쉬운 운세지만 새로운 진로가 열려질 조짐이 있는수.

2. 운세의 전망

지금까지 닦아나온 지난 일들의 모두는 일장춘몽 새로운 각오로 앞길을 열어나가야할 시기가 도래. 좀더 배운다는 자세로 연구해 나가면서 노력해 나가면 승승장구의 전도가…

3. 주의 할 점

약간의 고전이 따를지라도 실망은 금물.

4. 소망과 재수

명예적인것만 아니라면 지금 당장의 일은 실패를 감수하고도 좋은 후일이… 잦나비날이나 닭날에는 재수가 있는 날.

5. 이해관계

자기의 희생이 약간은 있는 듯한 처신으로 대처해 나가면 세 사람이 힘을 합해 도와주어 결과적으로는 많은 이권을 얻어.

6. 계절과 때

여름의 5월이나 말날 그리고 오늘의 오전 11시~13시 사이까지와 3, 2, 7의 오행에 해당하는 시기.

7. 건강 관계

추웠다 더웠다 하는 증세가 나타나는 한서유절의 병인데 신장병이나 눈병관계…

8. 소식의 시기

범날이나 토끼날에는 전화나 편지가 오겠고, 돼지날이나 쥐날에는 명예나 직장과 관계된 소식있는데 좀더 기다려 보라는 소식.

9. 어떤사람

조금은 어리석고 우둔한데가 있어 보이는 둘째딸 또는 문인이나 군인. 눈병을 앓고 있는 서생.

10. 계절과 날씨

태양이 작열하는 날씨이거나 번개가 번뜩이면서 비가 오다 무지개가 피면서 저녁 노을이 나타난 날씨.

11. 어떤 지역

남쪽인데 구획정리 사업 같은것을 벌여 매립공사를 하고 있는 지역이거나 전쟁으로 인해 불타버린 지역.

12. 어떤 집

남쪽을 향해 햇볕이 아주 잘들게 지어 놓은 집인데 사람이 살고 있지는 않아.

13. 어떤 물건

불이나 문서 또는 알콜의 도수가 많은 술과 붉은색으로된 건조물이나 자라 게 꿩 거북 같은 것들.

14. 집안 운수

집안은 화목하겠으나 둘째딸의 신상 문제 때문에 고민이… 겨울운은 불리한 일이 있겠고 화재수를 조심해야.

15. 결혼과 애정 관계

결혼은 나중이고 아들부터 낳고난 다음에나 결혼을 하게될 인연. 부모의 승낙이 있다해도 사정이 여의치 못해.

16. 어떤 음식

맛이 담백하면서도 매콤한 불고기나 꿩튀김 같은 것이나 마른 안주.

17. 출산 관계

산모를 서남쪽으로 향해 눕게 하거나 앉게 하고 그 방향의 병의원을 찾아가면 딸을 순산.

18. 교역 관계

전자나 전기제품 또는 오퍼에 의한 수주 계약관계에 의한 것이면 후불조건이 더 유리.

19. 출행과 여행

항공기나 선박을 이용한 여행에는 화재나 사고 또는 실물수가 염려.

20. 재판 관계

문서관계로 제기되는 재판인데 불리해. 변호사의 권유에 따르면 좋을듯.

21. 묘자리

임좌병향인데 수목이 별로 없는 양지바른 혈처. 여름에는 문인이 속출할 자리지만 겨울이면 우환이 끊이지 않을 자리.

22. 어떤 성씨

가카자가 들어가는 목성.(강, 김, 고, 구, 권, 길, 곽씨 등이
다)

23. 대학시험
북쪽이면 유리한데 이공계열. 예상점수 245점.

77괘 ䷳

간위산(艮爲山)

유어피망 적소성업(遊魚彼網 積少成業)

1. 현재의 운세

물에서 노는 고기가 그물에 걸려든 상. 하던일을 줄여가면서 실리를 추구해 나가는게 상책인 운세.

2. 운세의 전망

첩첩 산중의 한가운데에 머물러 서있는 운세. 가로막힌 산은 넘어야만 하겠고 기력은 쇠진해 있다.

힘겨운 일을 시도해 보려 했다가는 지쳐 넘어질 수밖에 없는 상태라서 안정을 먼저 추구해 나가는게 지혜.

3. 주의 할 점

주어진 여건이 너무 어렵다. 무리와 강행은 실패를 자초하겠으니 신중을…

4. 소망과 재수

여러곳으로 분산되어 있는 힘을 한곳으로 모아 힘을 기르는게 상책. 이동이 전제라 할 수는 없겠으니, 안정을 시도해 나가면서 세태를 관찰해 나가야… 쥐날이나 돼지날에는 금전의 출입이 예상.

5. 이해관계

자기의 생각처럼 되어지지 않을 일에 너무 집착해 있지말라. 군자와 소인의 생각은 다르니까. 조금만 기다리다 보면 좋은일이 찾아들터.

6. 계절과 때

겨울의 12월이나 소날 그리고 오늘의 새벽 1시~3시까지의 사이와 7, 5, 10의 오행에 해당하는 시기.

7. 건강 관계

신경통이나 간경화증 또는 위장장애 등 증상에 유의를…

8. 소식의 시기

뱀날이나 말날에는 전화나 편지가 오겠고, 범날이나 토끼날에는 명예나 직장과 관계된 일에 소식 있겠는데 기대했던 것보다 답답한 것이…

9. 어떤사람

집안에만 들어앉아 두문불출 하고 있는 작은아들 또는 승려나 구도수련자인데 산중에 은거해 종적조차 알 수 없는 사람.

10. 계절과 날씨

구름이 많이 끼고 산바람이 세차게 불면서 안개가 자욱한 날씨. 산등성이에는 구름이 감돌고 있는것을 볼 수 있는 날씨.

11. 어떤 지역

동북쪽인데 산성이 있는 구릉지대나 분묘가 있는 지역.

12. 어떤 집

동북쪽을 향해 아주 단단해 보이게 지어놓은 석조 건축물이나 콘크리트 건물인데 큰길을 끼고 있어.

13. 어떤 물건

흙에서 생산되는 물건이나 석재류 또는 나무 열매나 개 또는 쥐, 곰, 고슴도치, 낙타, 고래 같은 것들.

14. 집안 운수

봄의 집안운은 상당히 복잡한 사정이 있게 되겠고 가정적인 불화가 예상돼. 분묘에 관계되는 영향을 받은 환자가 속출할 수도.

15. 결혼과 애정 관계

여러번의 혼담은 오락가락 하지만 결혼까지는 상당히 힘이든 상태.

16. 어떤 음식

산나물이나 산에서 잡은 산짐승의 고기 요리나 토산품을 원료로 해 만든 달콤한 음식들.

17. 출산 관계

산모의 몸을 서쪽으로 향해 눕게 하거나 앉게 하고 그 방향의 병의원을 찾아가면 쌍동이겠지만 난산이 염려돼.

18. 교역 관계

수산제품이나 금속제품이면 기대한 것만은 못하겠지만 약간의 이득이…

19. 출행과 여행

여행계획은 중지하는게 좋아. 여비만 낭비하고 실속도 없는 시간만 낭비할 수.

20. 재판 관계

명예관계나 사업상의 사건인데 상당히 불리하겠으니 화해가 상책일듯.

21. 묘자리

곤좌간향인데 첩첩산중에 위치해 있는 혈처인데 도로의 연변에는 암석이 두드러지게 나타나 있는 자리. 봄이면 관재가 끊이지 않을 자리.

22. 어떤 성씨

아하자가 들어가는 토성.(한, 홍, 엄, 안, 하, 원, 윤씨 등이다)

23. 대학시험

동쪽이면 유리한데 이공계열. 예상점수 260점.

78괘 ䷖
산지박(山地剝)

군음박양 거구종신(群陰剝陽 巨舊從新)

1. 현재의 운세

음산한 기운이 너무 많아 서로 헐뜻고 깍아내리려 하는 싸움이 예상돼. 군자는 숨고 소인배가 판을 치니 새로운 길을 모색해 나가야 할때.

2. 운세의 전망

남들이 나의 속마음까지 들여다 보고 있다. 공든탑이 허물어질 위험이 있겠으니 내실을 기해 나가는게 좋아. 힘에 겨운 일일지라도 새로운 방향으로의 전환을 꾀해 보는게 좋을수.

3. 주의 할 점

등산이나 험로에 출행하면 생명의 위험이 따르겠으니 앉은 자리나 잘지키고 있는게 상책.

4. 소망과 재수

명예적인 것보다는 사업상인 면이 더 유리. 수산업 분야나 목재 금속분야에서 실리가. 범날이나 토끼날에는 금전의 출입이 예상돼.

5. 이해관계

자기의 생각처럼 되어지지 않을 일에 너무 집착해 나가지 말라. 명예적인 것에는 아예 인연이 없겠으니 사업방향으로 신경써야.

6. 계절과 때

가을의 9월 10월이나 개날 그리고 오늘밤 7시~9시까지의 사이의 7, 8, 5의 오행에 해당하는 시기.

7. 건강 관계

소화불량이나 머리 또는 얼굴의 병 그리고 폐나 기관지 근육계통의 질환과 총상 같은 것도 염려.

8. 소식의 시기

양날이나 개날에는 전화나 편지가 오겠고 말날이나 뱀날에는 명예관계나 직장과 관계된 일에 소식 있겠는데, 기대했던 것보다 변화가 예상된 소식.

9. 어떤사람

매우 소극적인데가 있는 사람인데 작은 아들이거나 노인 또는 할망구 또는 불구자나 좀도둑 같은 사람들.

10. 계절과 날씨

음산하기 그지없는 날씨인데 갑작스럽게 뇌성이 울면서 소낙비가 쏟아져 내릴수도.

11. 어떤 지역

서북쪽인데 산사태 같은 것으로 인해 허물어져 있는 지역. 대체적으로 험악한 지세.

12. 어떤 집

서북쪽을 향해 지어져 있는 오래된 궁궐이나 묘각 따위인데 파손의 상태가 심한 상태의 집.

13. 어떤 물건

생김 생김이 둥글게 생긴 금속제품이거나 부숴진 골통품 같은 것들. 또는 말, 까마귀, 사자, 코끼리, 고양이, 미친개나 여우, 고슴도치 같은 것들.

14. 집안 운수

이사를 하는게 좋아 원인조차 알 수 없는 우환 들끓어 사람의 뼈가 방밑에 묻혀있기 때문.

15. 결혼과 애정 관계

한꺼번에 여러 여자와 사귀게 되는데 기질이 너무 강인한 여자들이기 쉽다. 결혼은 나중이고 살림부터 기혼자는 외방 자식이 얻어질수.

16. 어떤 음식

청량음료나 소고기, 말고기 또는 뼈가 아주 많은 음식인데 그 맛이 맵거나 쓴것들. 부패된 음식일수도.

17. 출산 관계

산모의 몸을 북쪽으로 향해 눕게 하거나 앉게 하고 그 방향의 병의원을 찾아가면 아들을 유산할 염려.

18. 교역 관계

야채류나 목재 또는 청량음료 계통이면 많은 이득이.

19. 출행과 여행

여행중에 여색을 조심해야… 교통사고나 추락 사고등에도 유의를…

20. 재판 관계

이권관계나 자손으로 인한 문제의 소송이 되겠는데 일을 많이 끌지만 승소는 어려워.

21. 묘자리

손좌건향인데 건산의 개맥이 흐르는 혈처인데 천혈이다. 겨울이면 자손이 흥성해질 자리.

22. 어떤 성씨

사자차가 들어가는 금성.(최, 장, 조, 주, 심, 소, 성, 전, 지씨 등이다)

23. 대학시험

남쪽이면 유리한데 이공계열. 예상점수 215점. 답을 썼다가 지웠기 때문.

81괘 ䷊

지천태(地天泰)

천지교태 소왕태래(天地交泰 小往泰來)

1. 현재의 운세

천기와 지기가 서로 어우러져 적게 주고 큰것을 얻는 운세여서 한 알의 씨앗을 뿌려 풍년을 구가하는것 같은 운세. 하고싶은 일을 힘껏 밀고 나갈때.

2. 운세의 전망

하늘과 땅의 기운이 서로 합해 만물을 키워주는 운세라서 풍족한 계절이 만나진 듯한 시기. 자기의 힘이 모자랄 지라도 남들이 나를 도와줄 협력자가 나타나 줄 수.

3. 주의 할 점

제아무리 좋은 운수를 만났다 할지라도 노력없는 성공은 없는 법. 태만에 의한 요행은 절대 바라지 말아야.

4. 소망과 재수

명예적인것 실리추구 보다는 사업적으로 더 많은 성공이 예상

되는 운세여서 사업 방면으로 힘써가는게 좋아 쥐날이나 돼지날
에는 재운이 형통한 날.

5. 이해관계

자기의 생각과 남의 의견을 참작해 상호협력 관계를 이뤄나가
면 몇배의 보너스가…

6. 계절과 때

3월 6월 9월 12월인 사계에 해당하고 용날 양날 개날 소날과 오
늘의 진술축미시에 해당하고 8, 5, 10에 해당하는 오행의 시기.

7. 건강 관계

소화 불량이나 비위가 허약한 증세 그리고 비만에 의한 성인병
등에 유의해야…

8. 소식의 시기

뱀날 말날 개날에는 전화나 편지가 오겠고, 범날이나 토끼날에
는 명예관계나 직장과 관계된 일의 기쁜 소식 듣게돼. 기대했던
것보다 좋은 소식.

9. 어떤사람

외유내강한 성격의 소유자인데 많은 무리를 이루는 농부들 늙
은 어머니 등이다.

10. 계절과 날씨

구름이 잔뜩 끼고 안개가 자욱하다가 맑게 갠 날씨로 변하겠
다.

11. 어떤 지역

서남쪽인데 논밭이 많은 평원 지대인데 고향마을 일수도…

12. 어떤 집

서남쪽을 향해 지어 있는 창고나 우사 또는 가축의 우리나 비
닐하우스 같은 집.

13. 어떤 물건

생김 생김이 네모가 나 있거나 둥근 모양을 한것들 이거나 가마솥이나 기와등속 그리고 소, 말, 백수, 양, 개 같은 것들.

14. 집안 운수

화기 애애하게 화목한 가정 음기가 많은 택지인데 봄에는 약간의 불안지사가 염려…

15. 결혼과 애정 관계

천생배필의 좋은 인연이 만나져 가을이나 겨울에 양가의 축복 속에 웨딩마치가…

16. 어떤 음식

쇠고기, 말고기, 야채등을 원료해 만든 음식이거나 죽순 또는 내장요리 같은 것들.

17. 출산 관계

산모의 몸을 서쪽으로 향해 눕게 하거나 앉게 하고 그 방향의 병의원을 찾아가면 유복한 딸을 순산.

18. 교역 관계

수산물이나 직물류 또는 땅이나 집 같은 것을 바꾸거나 팔고 사면 많은 이득 있을터.

19. 출행과 여행

서남쪽으로 여행할 일이 있겠는데 아주 좋아. 여행중에 틀림없이 이성교제가…

20. 재판 관계

승소보다는 화해가 선행되기 쉬워. 앞뒤의 사정을 살펴가며 결단하는게 좋아.

21. 묘자리

손좌건향인데 들이나 전원의 근처인데 지세가 평편한 양지바른 혈처. 봄이면 우환과 관재의 염려되는 자리.

22. 어떤 성씨

아하자가 들어가는 금성.(안, 한, 어, 홍, 우, 연, 임, 왕, 옥 씨 등이다)

23. 대학시험

동쪽이면 유리한데 인문계. 예상점수 236점.

82괘 ䷒

지택임 (地澤臨)

봉입계군 이하임야(鳳入鷄群 以下臨也)

1. 현재의 운세

봉황이 닭의 무리속으로 뛰어든 운세라서 모처럼의 호기가 도래한 시기. 임금이 신하와 백성들과 함께 만나 태평성대의 꿈을 펼쳐 보려는것 같은 운세.

2. 운세의 전망

작은것을 모아 큰 것을 만드는 것처럼 일약 전진의 기회가 얻어졌기 때문에 많은 사람들과의 교제가 많아짐은 물론 아주 활발한 활동이 요구되는 시기. 쥐날이나 돼지날에는 재운이 형통.

3. 주의 할 점

제아무리 좋은 운수라 할지라도 가을 운수는 불길하겠으니 주의를… 성황댁토의 탈이 있겠으니 질병에 유의해야.

4. 소망과 재수

명예적인 실리를 추구하려 하는 것보다 사업상의 것에 더 많은 성과가 예상되는 운세. 사업방면으로 힘써 나가면 좋아. 쥐날이나 돼지날에는 재운이 형통한 날.

5. 이해관계

보다 적극적인 자세로 매진해 나가면 수하 사람이나 여자가 나를 도울 사람이 있어 좋은 결과가.

6. 계절과 때

3월, 6월, 9월, 12월인 사계에 해당하고 용날, 양날, 개날, 소날과 오늘의 진술축미시에 해당하고 8, 5, 10에 해당하는 오행의 시기.

7. 건강 관계

신경성 질환이나 소화불량 또는 비위가 허약한 증세 그리고 비만에 의한 성인병에 유의.

8. 소식의 시기

뱀날이나 말날에는 전화나 편지가 오겠고, 범날이나 토끼날은 명예와 관계나 직장과 관계된 일의 소식 듣게돼. 기대했던 것보다 좋은 것일수도 있겠으나 의외 것일 수도.

9. 어떤사람

외유내강해 보이기는 하지만 어쩐지 인색하면서 말이 많은 노모나 농부 또는 고향사람들.

10. 계절과 날씨

구름이 잔뜩 끼고 안개비나 가랑비가 내리는 날씨.

11. 어떤 지역

서남쪽인데 논이나 밭이 많은 평야지역인데 고향마을 일수도.

12. 어떤 집

서남쪽을 향해 지어놓은 창고나 시골집 같은 것들.

13. 어떤 물건

생김 생김이 네모가 나 있거나 둥근 모양을 한 질그릇이나 가마솥 기와 그리고 소, 양, 호랑이, 두더지 같은 것들.

14. 집안 운수

2월달에 약간의 구설수나 관재가 염려된 조짐을…

15. 결혼과 애정 관계

여자는 하나인데 두 남자가 서로 좋아 경합이 벌어질 일이 기혼자면 삼각관계에 얽혀들기 쉽겠으니 조심을…

16. 어떤 음식

맛이 달콤한 쇠고기 요리 또는 오곡을 재료로한 음식류와 죽순 또는 내장요리 같은 것들.

17. 출산 관계

산모의 몸을 서쪽으로 향해 눕게 하거나 앉게 하고 그 방향의 병의원을 찾아가면 딸을 낳겠는데 난산이 염려되니 조심을…

18. 교역 관계

수산물이나 직물류 또는 농산 가공품 등을 취급하면 이롭겠으나 봄에는 별게 아닌 운수.

19. 출행과 여행

항공기나 선박 여행은 불리 가까운 여행은 상관 없어. 여행중에 여자를 알면 문제있어.

20. 재판 관계

승소보다는 화해가 선행되기 쉬워. 애써 해결을 본다 해도 번복을 조심해야…

21. 묘자리

손좌건향인데 들이나 전원의 근처인데 지세가 평편한 양지바른 곳. 봄이면 우환이나 관재의 염려가 있을 자리.

22. 어떤 성씨

아하자가 들어가는 금성.(안, 한, 어, 홍, 우, 연, 임, 왕, 옥
씨 등이다)

23. 대학시험

동쪽이 유리한데 인문계. 너무 치열한 경쟁이 염려. 예상점수
250점.

83괘 ䷣

지화명이 (地火明夷)

봉황수익 출명입암 (鳳凰垂翼 出明入暗)

1. 현재의 운세

봉황이 날개를 드리운채 날지를 못한것 같아 안으로 들면 답답하고 밖으로 나가면 살것 같고 들어오면 답답한 운세. 적극적인 활동이 요구되는 시기.

2. 운세의 전망

작열하던 태양이 지평선 너머로 숨어버린 밤 같은 운세라서 힘껏 뛰고 싶어도 여건이 허락하지 않아 활동에 한계가 있겠으니 매사에 참고 견뎌내는 저력이 요구되는 시기.

발명이나 연구활동 같은 것은 오히려 좋은 수.

3. 주의 할 점

평소에 품고 있던 계획대로는 이뤄지지 않는 운세이기 때문에 심산유곡에 라도 찾아들어 수양이라도 하고 있는 것처럼 자애자중함이 상책.

4. 소망과 재수

현재의 운세가 너무 미약. 지나친 기대는 하지 않는게 좋아. 수신안분을 하고 있는 것처럼 대처해 나가면서 다음 기회를 기다려야. 말날이나 뱀날에 약간의 재운이…

5. 이해관계

운수가 비색하여 매사가 불리하기만 하여 금전적인 타격이 너무심해 빚을 얻어쓸 수 조차 없을 정도의 타격이…

6. 계절과 때

겨울의 11월이나 자일 그리고 오늘밤의 11시~ 사이에서 내일 새벽 1시까지의 사이와 6, 8, 3에 해당하는 오행의 시기.

7. 건강 관계

신경성 질환이나 방광 또는 심신에 관계되는 질병이 염려 되는데 특히나 혈압에 관계되는 질병에 유의를…

8. 소식의 시기

닭날이나 토끼날에는 전화나 편지가 오겠고, 소날이나 양날에는 명예나 직장과 관계된 일의 소식을 듣게 되겠지만 기대했던 것보다 실망이 큰 것들.

9. 어떤사람

겉보기에는 아주 침울해 보이는 사람같지만 속마음은 그리 어둡지는 않은 둘째이거나 섬 사람.

10. 계절과 날씨

비가 내리고난 다음에는 활짝 개인 날씨.

11. 어떤 지역

북쪽 방향이 되겠는데 강이나 호수가 인접해 있는 아주 비습한 지역이거나 지하실 또는 땅굴 같은 곳.

12. 어떤 집

북쪽을 향해 지어놓은 술집이나 식당 또는 다방이나 유흥 접객 업소 같은 곳.

13. 어떤 물건

바다나 민물에서 생산되는 물고기류나 돼지 또는 두더지 같은 것과 바퀴가 달려있는 것이거나 땅속에 간직해둔 물건들.

14. 집안 운수

집안이 매우 불안하겠다. 12월달에는 도적이나 관재 같은 것에 주의를…

15. 결혼과 애정 관계

남자는 둘인데 여자는 하나. 임자가 있는 여자이기 쉬운데 두 사람이 경합을 벌이기 쉽겠으니 조심을…

16. 어떤 음식

돼지고기를 쓴 음식이거나 술 또는 매운탕 같은 것인데 맛이 약간 짭짜름한 음식.

17. 출산 관계

산모의 몸을 동쪽으로 향해 눕게 하거나 앉게 하고 그 방향의 병의원을 찾아가면 딸을 낳겠는데 난산이 염려.

18. 교역 관계

수산물이나 직물류 또는 농산 가공품등을 취급하면 이롭겠으나 상품의 시세가 급락할 염려가 있어.

19. 출행과 여행

여행중에 도적을 맞게 되거나 수재나 화재수가 있겠으니 그만 두는게 좋아.

20. 재판 관계

송사가 불리한 운세여서 말을 잘못하게 되어 곤경에 처해질 일이.

21. 묘자리

병좌임향인데 강이나 호수를 끼고 있는 혈처이기 쉬워. 수맥이 동하게돼 우환이나 관재가 끊이지 않을 자리일터.

22. 어떤 성씨

마바파가 들어가는 수성.(민, 문, 박, 복, 문, 명, 백씨 등이 다)

23. 대학시험

동북쪽이 유리한데 이공계. 예상점수 240점.

84괘 ䷗

지뢰복(地雷復)

도사견금 반복왕래(陶砂見金 反復往來)

1. 현재의 운세

집을 떠난 나그네가 돌아온것 같은 운세여서 새로운 진로를 열어 나갈일이 있는 운세. 새로운 포부와 희망을 가지고 힘껏 매진해 나가야 할 수.

2. 운세의 전망

함지박으로 금을 일는 상이라서 한번의 변동이 예상되는 운세이니 웃고 우는 반복이 있을수를 주의해야. 두번째의 계획을 추진하는 일은 좋아.

3. 주의 할 점

적극적인 행동보다는 수동적인게 더 좋아 남녀관계가 복잡해질수도 있겠으니 신중한 처신을…

4. 소망과 재수

행운을 잡을수 있는 길이 열려지고 있다. 노력의 반복이나 확

인등이 필요한 시기라는 것을 알아둘 필요가 있겠다. 쥐날이나 돼지날에는 재운이 형통한 날.

5. 이해관계

명예적인것 보다는 사업상의 실리가 따를 수. 상대방과의 신의를 지켜나가는데 진력하면 좋은 결과가…

6. 계절과 때

7월이나 양날 또는 잣나비날 그리고 오늘의 오후 1시 부터 5시까지의 사이와 8, 8, 4에 해당하는 오행에 해당하는 시기.

7. 건강 관계

비위가 허약한 증세인데 주로 체충이나 구역질 또는 속이 메스꺼운 증세에 유의를…

8. 소식의 시기

뱀날이나 말날에는 전화나 편지가 오겠고 범날이나 토끼날에는 명예나 직장에 관계되는 소식이… 기대했던 것보다 좋은 조건이…

9. 어떤사람

부지런히 노력하는 유형의 사람인데 한번쯤 실패를 한적이 있는 늙은이나 장남 또는 농부나 고향사람.

10. 계절과 날씨

구름이 많이 끼고 비가 오고난 다음에야 쾌청해진 날씨.

11. 어떤 지역

서남쪽인데 평야지대나 전원이 펼쳐져 있는 지역이거나 고향 마을의 평지.

12. 어떤 집

서남향으로 지어져 있는데 창고나 변전실 같은 것들. 건물의 규모가 약간은 거대해.

13. 어떤 물건

질그릇이거나 섬유제품 또는 오곡백과 또는 암말 두더지 또는 다람쥐나 날고기, 헤엄치는 것들.

14. 집안 운수

7월이나 8월달엔 이사수가 있겠고 봄에는 관사나 구설수가…

15. 결혼과 애정 관계

두 여자에 한 두 남자가 서로 어울어져 사랑사랑 속삭이다 결혼보다는 살림부터 차린쪽이 배필 기혼자는 첩이나 간부를 둘 수가.

16. 어떤 음식

쇠고기나 어류를 재료로 만든 음식이거나 내장요리 또는 야채류의 음식.

17. 출산 관계

산모를 서쪽으로 향해 눕게 하거나 앉게 하고 그 방향의 병의원을 찾아가면 딸을 낳겠는데 약간의 유산 기미가 있겠으니 조심을…

18. 교역 관계

중량이 아주 많이 나가는 화물류나 논밭을 바꿀 일에 이가 있겠고 농산물을 취급해도 이가 있겠다.

19. 출행과 여행

서남쪽으로 움직이면 이롭겠는데 동행해줄 사람이 있으면 더욱 좋아. 여행중에 여자를 알게되면 문제거리.

20. 재판 관계

가사문제나 객토 문제의 재판이 되겠는데 이겼다 졌다 하겠으나 끈기있게 밀고 나가면 결국엔 승소.

21. 묘자리

간좌곤향인 양지바른 전원근처의 혈지이지만 봄철이면 관사가 끝이지 않을 자리.

22. 어떤 성씨

아하자가 들어가는 토성.(안, 한, 허, 홍, 우, 임, 원, 윤, 황 씨 등이다)

23. 대학시험

동쪽이 유리한데 인문계. 너무 치열한 경쟁이 문제. 예상점수 240점.

85괘 ䷭
지풍승(地風升)
고산식목 이소적대(高山植木 以少積大)

1. 현재의 운세
높은 산에 나무를 심으러 산에 오르는 것처럼 상당한 노력이 필요하겠지만 적은 노력을 들여 결과적으로 큰것이 얻어지겠으니 힘껏 밀어부치면 성공.

2. 운세의 전망
겉보기에는 아직껏 연약해 보이는 여린 나무줄기 같아 보일지라도 무한한 성장의 저력이 숨겨 있는 것같은 운세. 사업상이던 직장관계에서 성실을 다해 나가면 반드시 좋은 결과가 얻어질터.

3. 주의 할 점
목적하는 바가 하나가 아니라 두 가지이기 때문에 마음의 방황 때문에 신경쓰이겠으니 주의해야.

4. 소망과 재수
지금 당장은 약간의 애로가 있어 힘은 좀 들겠지만 조금만 더

참고 기다리면 반드시 이뤄져. 소날이나 양날은 재운이 형통한 날.

5. 이해관계

명예관계이면 더더욱 좋겠고 재물과 관계되는 것이라 할지라도 상대자의 의사만 잘 헤아려주게 되면 반드시 좋은 일이.

6. 계절과 때

봄의 2월이나 토끼날 그리고 오늘아침 5시부터 7시까지의 사이와 4, 8, 5에 해당하는 오행에 해당하는것.

7. 건강 관계

과음 과식에서 오는 식사병이나 방광계통의 질환에 조심하면 문제 없어.

8. 소식의 시기

돼지날이나 쥐날에는 전화나 편지가 오겠고, 잣나비 날이나 닭날에는 명예나 직장에 관계되는 소식이… 기대했던 것보다 아주 좋은 소식.

9. 어떤사람

천성이 게을러 보이는 무희나 가수 또는 스포츠맨 같은 사람인데 장남이기 쉽고 다리가 약간 불편한 사람일수도.

10. 계절과 날씨

바람이 거세게 불면서 뇌성과 벽력을 동반한 침울한 날씨가.

11. 어떤 지역

동쪽인데 수목이 울창하게 우거져 있는 대로의 연변지역. 논이나 밭이 보이는 계곡일수도.

12. 어떤 집

동향으로 지어진 집인데 산림이 울창한 숲속에 위치해 있고 증축도 가능한 건물.

13. 어떤 물건

목기나 제기처럼 나무로 만든 제품들 화초나 부채 또는 악기일 수도. 그리고 용, 가재, 게 또는 뻐꾸기 소쩍새와 같은 동물들.

14. 집안 운수

문서상으로 신경써야할 일이 있겠고, 부모님의 신상문제로 고심이. 가을에는 놀랄 일이.

15. 결혼과 애정 관계

두 여자에 두 남자가 함께 좋아 한다지만 여자보다는 남자가 더 적극적인데 여자편의 뱃장에 신경이 쓰이겠지만 좋은 결과.

16. 어떤 음식

맛이 새콤 달콤한 생선이나 야채를 재료로 사용한 음식들.

17. 출산 관계

산모를 남쪽으로 향해 눕게 하거나 앉게 하고 그 방향의 병의원을 찾아가면 딸을 낳겠는데 예정일보다 약간 늦게 태어나.

18. 교역 관계

상품의 시세가 상승기에 있기 때문에 토산품이나 곡물류나 광석제품 같은것에 많은 이익이…

19. 출행과 여행

동쪽으로 움직일이 있으면 이롭겠는데, 동행해줄 사람이 있으면 더욱 좋아 여행중에 여자가 친해지면 호사다마.

20. 재판 관계

토지나 부동산에 관계된 소송인데 쌍방의 세력이 너무 팽팽해 두번의 재판이 예상되니 화해가 상책일듯.

21. 묘자리

유좌묘향인데 산림이 울창한 지역에 자리를 잡은 혈쳐인데 수맥이 통한 자리이기 쉬워.

22. 어떤 성씨

가카자가 들어가는 목성.(강, 고, 김, 권, 공, 곽, 길, 구, 경 씨 등이다)

23. 대학시험

서쪽이 유리한데 인문계열. 두 번의 응시가 예상. 예상점수 250점.

86괘 ䷆

지수사(地水師)

실마출군 이과복중(失馬出群 以寡服衆)

1. 현재의 운세

말을 타고 전선으로 나아가던 장군이 말을 잃고 군중속으로 뛰어든 상이기 때문에 끈질긴 인내와 지모로서 대처해 나가야만 승기를 잡아나갈수 있는 운세.

2. 운세의 전망

군을 통솔해 나가야할 지도자도 중요하겠지만 과감한 행동을 실천으로 옮겨나갈 수 있는 참모가 더 중요한 것처럼 지금의 운세를 바꿔 나가려면 자신의 용단보다도 수하나 하속인의 사기를 진작시켜주는게 더 중요.

3. 주의 할 점

자기주변에 있는 사람들 때문에 겪어야할 고통이 염려되니 활동을 게을리 하지 말고 협동의식을 추구해 나가야할때.

4. 소망과 재수

처음에는 상당한 애로가 있겠으나 결국에는 성취시킬 수. 자신의 위치를 다시한번 인식해둬야 할때. 말날과 뱀날에는 약간의 재운이…

5. 이해관계

명예관계라면 시유불급이기 때문에 실직이 우려되고 재물을 구하는 일이라면 시간이 좀 걸리더라도 성취가 가능할 수.

6. 계절과 때

겨울의 11월이나 쥐날 그리고 오늘밤 11시~다음날의 1시까지의 시간과 3, 8, 6에 해당하는 오행의 시기.

7. 건강 관계

눈병과 소화기의 질환에 유의하고, 계절병인 유행성 감기나 정력감퇴등으로 나타나는 소모성 질환에도 주의를…

8. 소식의 시기

닭날이나 잣나비날에는 전화나 편지가 오겠고, 용날이나 소날에는 명예관계나 직장에 관계되는 소식이 있겠는데 기대했던 것보다 실망이 큰 소식. 출가자는 닭날이나 잣나비날 돌아와.

9. 어떤사람

전쟁에 나아가 쓰라린 경험을 체험해본 사람이거나 자기자신의 신상문제가 상당히 복잡한 유랑인이거나 둘째 또는 도적 뱃사람 따위이다.

10. 계절과 날씨

비나 눈발이 훗날린 날씨지만 달을 볼 수는 있을터. 서리나 이슬이 내릴수도.

11. 어떤 지역

북쪽인데 강이나 호수를 끼고 있는 비슷한 지역이거나 우물 또는 계곡 하수구 같은것이 위치해 있는 곳.

12. 어떤 집

호반을 끼고 있는 북향집인데 비교적 습기가 많은 지역에 위치해 있거나 수상에다 지어 놓은 수상 누각.

13. 어떤 물건

물을 담을수 있는 그릇이거나 수냉식 장치가 설치되어 있는 자동차나 선박과 같은 것들이거나 꿩 또는 물고기, 돼지, 물소, 같은 동물들.

14. 집안 운수

집안에 좀도둑이 들어 올수도 있겠고 식구들의 의사가 부합되지 않아 화목하지 못할 일이.

15. 결혼과 애정 관계

두 남자에 한 여자가 얽혀진 삼각관계 때문에 남자의 입장이 곤란하겠지만 여자의 입장을 너 많이 이해 해줄수 있는 쪽과 결연.

16. 어떤 음식

음식의 맛이 약간은 짜고 매콤한 불고기나 꿩고기 또는 물고기 매운탕 같은 것들.

17. 출산 관계

산모를 동쪽으로 향해 눕게 하거나 앉게 하고 그 방향의 병의원을 찾아가면 아들을 낳겠는데 산모의 산후 건강이 염려돼.

18. 교역 관계

서비스 업종과 관계되거나 화학 제품이나 전자제품 같은 것이면 좋겠으나 도적이나 손재수를 조심해야.

19. 출행과 여행

북쪽 방향으로 움직일이 있겠는데 여자나 재물관계인데 여행도중에 교통사고가 염려되니 떠나지 않는게 좋아.

20. 재판 관계

여자나 재물관계의 재판이 되겠는데 승소의 가망이 없겠으니 그만두는게 좋을터.

21. 묘자리

리좌감향인데 지대가 너무 비슷해 수맥이 통한 자리이기 쉽겠으니 재고해 봄이 좋을듯.

22. 어떤 성씨

마바파자가 들어가는 수성.(민, 모, 문, 백, 방, 방, 배, 명씨 등이다)

23. 대학시험

동남이나 동북쪽이 유리한데 인문계. 예상점수 230점.

87괘 ䷙

지산겸 (地山兼)

지중유산 앙고취하(地中有山 仰高就下)

1. 현재의 운세

겸손이 지나치면 오히려 답답할 수밖에 없는게 세상살이. 평지 위에 산이 만들어져 바라보기 조차 힘에 겨워 낮은곳을 응시해야만 하는 운세이니 필요이상의 겸손과 고집은 버려야 할때.

2. 운세의 전망

겸손을 오히려 도외시 해가면서 오만과 불손한 처신 일삼게 되면 받아놓은 밥상마저 남에게 빼앗길수이니 조심을…

3. 주의 할 점

필요이상의 시책에 전념하려 했다가는 오히려 크나큰 낭패수가 따르겠으니 주의를…

4. 소망과 재수

마음이 아플 정도로 답답한 일들이 목전에 있을지라도 세태를 예의 주시 해나가면서 좀더 참고 견뎌나가는 저력이 성공의 열쇠.

5. 이해관계

자기의 처신 여하에 따라 악운을 호운으로 전환시켜 나갈수 있는 기틀이 되는 운세이기 때문에 상대를 존중해 줄줄아는 처신으로 대처해 나가면 성공길이 트여질수.

6. 계절과 때

가을의 8월이나 닭날 그리고 오늘의 오후 5시~7시까지의 사이와 2, 8, 7에 해당하는 오행의 시기.

7. 건강 관계

심장에서 열이 나거나 입이 헐고 구미가 없으며 유행성 감기나 기관지 천식 같은것에 유의를…

8. 소식의 시기

용날이나 소날에는 전화나 편지가 오겠고, 뱀날이나 말날에는 명예관계나 직장문제에 관계되는 소식이 있겠는데 기대했던 것보다 답답한 결과가.

9. 어떤사람

스트레스를 많이 받고 있는 무용수나 댄서 같은 사람인데 활동력이 아주 많은 장남이거나 기업체의 장 또는 어른.

10. 계절과 날씨

지진이나 질풍이 몰아치는 날씨인데 산사태 같은 것으로 인해 지세라도 변해저 버릴것 같은 날씨.

11. 어떤 지역

서쪽인데 산사태 같은것으로 인해 산이 허물어져 있는 지역이거나 말라붙은 연못이 있거나 메꿔놓은 우물 같은 것이 있는 지역.

12. 어떤 집

서향집인데 담장이 허물어져 있고 집근처에 연못이 위치해 있으며 수리를 해야만 사람이 기거할 수 있는 집.

13. 어떤 물건

부숴진 악기나 칼 따위나 패물 같은것. 그리고 양이나 암말 두더지 또는 물고기류 들.

14. 집안 운수

가을에는 기쁜일이 있겠으나 여름철에는 구설이나 관재 때문에 신경쓰일이 있을터.

15. 결혼과 애정 관계

결혼은 나중이고 임신부터 해가지고 결혼을 운운하게 될 상대가 만나질터.

16. 어떤 음식

양고기나 물고기같은 것을 재료로한 음식이 되겠는데 맛이 매콤한 음식.

17. 출산 관계

산모를 북쪽으로 눕게 하거나 앉게 하고 그 방향의 병의원을 찾아가면 딸을 낳게 되겠는데 산모의 건강 악화가 염려.

18. 교역 관계

아동용품이나 관수품이 좋겠는데 경쟁이 극심하여 이득을 보기 힘들어.

19. 출행과 여행

항공기나 선박을 이용한 여행은 절대고 삼가해야 여행의 중도에서 사고가 염려되니 떠나지 않는게 상책.

20. 재판 관계

가을이면 승소의 기미가 보이기는 하지만 패소의 요인이 더 많겠으니 화해가 상책.

21. 묘자리

묘좌유향이 되겠는데 산사태가 난 지역이거나 연못 근처이기 때문에 물이 낄 염려가.

22. 어떤 성씨

사자차자가 들어가는 금성.(차, 조, 추, 성, 송, 진, 장, 심씨 등이다)

23. 대학시험

남쪽이 유리한데 이공계열. 예상점수 215점.

88괘 ䷁

곤위지 (坤爲地)

군창응화 생재만물(君昌應和 生財萬物)

1. 현재의 운세

임금의 정사가 어질기 때문에 좋은 신하를 만나 나라 살림이 날로 번창해가는 상이라서 손윗 사람을 성의있게 섬기면 좋은 일이 많을 운세.

2. 운세의 전망

하늘의 이치에 순응해 나가면서 무한한 땅의 조화가 이뤄지듯이 자기보다 윗자리에 있는 사람을 잘 받들어 주게되면 영달의 길이 활짝 열려질 수.

3. 주의 할 점

필요 이상의 불평이나 불만을 토로하게 되면 신상에 해로운 일이 생겨날 수.

4. 소망과 재수

남자를 상대해 나가는 것보다 손위의 여자와 관계있는 일이라면 소원이 이뤄질터 쥐날이나 돼지날은 재운이 열려지는 날.

5. 이해관계

부동산과 관계되는 사안이라면 크나큰 이득이… 관공서와 연관되어 있는 불하관계나 허가문제 같은 일이면 더욱 좋아.

6. 계절과 때

유월달이나 진술축미에 해당하는 날이나 오늘의 진시, 미시, 술시, 축시와 8, 5, 10에 해당하는 오행의 시기.

7. 건강 관계

소화불량이나 위장장애 또는 복통등에 주의를…

8. 소식의 시기

말날이나 뱀날에는 전화나 편지가 오겠고, 범날이나 토끼날에는 명예나 직장문제에 관계되는 소식이 있겠는데 기대했던것 이상의 소식을 듣게돼.

9. 어떤사람

성품이 유약해 보이는 사람이거나 겁이 많은 사람인데 나이가 많은 아낙네나 농사꾼 또는 수많은 마을 사람들.

10. 계절과 날씨

짙은 안개가 많이 끼어 있거나 구름이 많이 낀 날씨.

11. 어떤 지역

서남인데 평원이 펼쳐져 있는 고향 마을이거나 농원이 자리잡고 있는 지역.

12. 어떤 집

서남향 집인데 농작물을 보관하고 있는 창고나 시골집 또는 막사 같은 것들.

13. 어떤 물건

네모가 나있는 물건이거나 베, 비단, 면사, 오곡, 수레, 가마솥, 질그릇 같은 것이거나 소 또는 암말.

14. 집안 운수

남자보다는 여자가 더 많이 살고있고 화목한 가정인데 여름과 가을 그리고 겨울은 좋은데 봄에는 도적이나 관재를 조심해야.

15. 결혼과 애정 관계

생각보다 빨리 이뤄질터. 과부의 집안이거나 시골 사람과의 결연되기 쉬워.

16. 어떤 음식

소고기나 농산물을 재료로 만든 음식인데 약간은 달콤한 맛이 나는 음식.

17. 출산 관계

산모를 서쪽으로 향해 눕게 하거나 앉게 하고 그 방향의 병의원을 찾아가면 딸을 낳게 되겠는데 난산이 염려되어 주의를…

18. 교역 관계

농산물이나 금속제품 등의 교역에 이가 많아. 부동산을 교환하거나 매매해도 많은 이익이…

19. 출행과 여행

항공기나 선박을 이용한 여행은 나쁘지만 육로를 관광여행이나 산업시찰이나 견학같은 것은 아주 좋아.

20. 재판 관계

여러사람의 도움으로 화해가… 소송으로만 끝내려 하면 손해가.

21. 묘자리

간좌곤향이 되겠는데 햇볕이 아주 잘드는 양지바른 양택길지 벌판이나 논밭이 인접해 있는 혈처인데 자손이 흥왕할 자리.

22. 어떤 성씨

아하자가 들어가는 토성. (오, 안, 우, 허, 홍, 한, 함씨 등이
다)

23. 대학시험

동쪽이 유리한데 이공계열. 예상점수 235점.

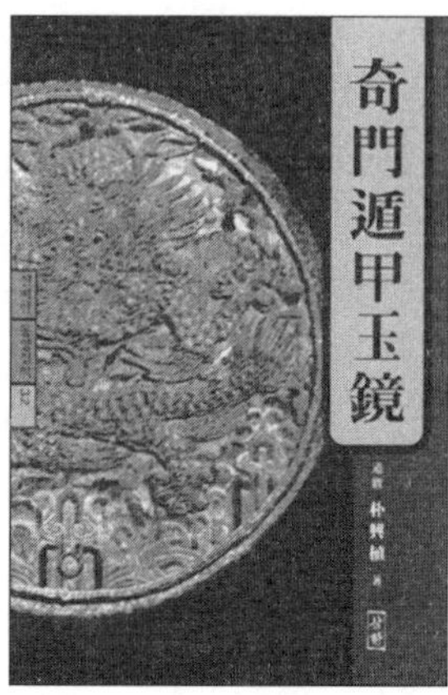

기문둔갑옥경

신비한 동양철학 32

가장 권위있고 우수한 학문！

우리나라의 기문역사는 장구하지만 상세한 문헌은 전무한 상태라 이 책을 발간하기로 했다. 기문둔갑은 천문지리는 물론 인사명리 등 제반사에 관한 길흉을 판단함에 있어서 가장 우수한 학문이며 병법과 법술방면으로도 특징과 장점이 있다. 초학자는 포국편을 열심히 익혀 설국을 자유자재로 할 수 있도록 하고 개인의 이익보다는 보국안민에 일조하기 바란다.

· 도관 박홍식 저

정본·관상과 손금

신비한 동양철학 42

바로 알고 사람을 사귑시다

이 책은 관상과 손금은 인생을 행복으로 이끌기 위해 있다는 관점에서 다루었다. 그야말로 관상과 손금의 혁명이라고 할 수 있을 것이다. 여러분도 관상과 손금을 통한 예지력으로 인생의 참주인이 되기 바란다. 용기를 불어넣어 주고 행복을 찾게 하는 것이 참다운 관상과 손금술이다. 이 책으로 미래의 좋은 예지력을 한번쯤 발휘해 보기 바란다. 이 책이 일상사에 고민하는 분들에게 해결방법을 제시해 줄 것이다.

· 지창룡 감수

조화원약 평주

신비한 동양철학 35

명리학의 정통교본!

이 책은 자평진전, 난강망, 명리정종, 적천수 등과 함께 명리학의 교본에 해당하는 것으로 중국 청나라 때 나온 난강망이라는 책을 서낙오 선생께서 설명을 붙인 것이다. 기존의 많은 책들이 격국과 용신으로 감정하는 것과는 달리 십간십이지와 음양오행을 각각 자연의 이치와 춘하추동의 사계절의 흐름에 대입하여 인간의 길흉화복을 알 수 있게 했다.

· 동하 정지호 편역

용의 혈·풍수지리 실기 100선

신비한 동양철학 30

실전에서 실감나게 적용하는 풍수지리의 길잡이 !

이 책은 풍수지리 문헌인 조선조 고무엽(古務葉) 태구승(泰九升) 부집필(父輯筆)로 된 만두산법(巒頭山法), 채성우의 명산론(明山論), 금랑경(錦囊經) 등을 알기 쉬운 주제로 간추려 풍수지리의 길잡이가 되고자 했다. 그리고 인간의 뿌리와 한 사람의 고유한 이름의 중요성을 풍수지리와 연관하여 살펴보아야 하기 때문에 씨족의 시조와 본관, 작명론(作名論)을 같이 편집했다.

· 호산 윤재우 저

천직·사주팔자로 찾은 나의 직업

신비한 동양철학 34

역경없이 탄탄하게 성공할 수 있는 방법 !

잘 되겠지 하는 막연한 생각으로 의욕만 갖고 도전하는 것과 나에게 맞는 직종은 무엇이고 때는 언제인가를 알고 도전하는 것은 근본적으로 다르고, 결과 또한 다르다. 더구나 요즈음은 I.M.F.시대라 하여 모든 사람들이 정신까지 위축되어 생기를 잃어가고 있다. 이런 때 의욕만으로 팔자에도 없는 사업을 시작했다고 하자, 결과는 불을 보듯 뻔하다. 그러므로 이런 때일수록 침착과 냉정을 찾아 내 그릇부터 알고, 생활에 대처하는 지혜로움을 발휘해야 한다.

· 백우 김봉준 저

통변술해법

신비한 동양철학 ㉑

가닥가닥 풀어내는 역학의 비법 !

이 책은 역학에 대해 다 알면서도 밖으로 표출되지 않아 어려움을 겪는 사람들을 위한 실습서다. 특히 틀에 박힌 교과서적인 역술의 고정관념에서 벗어나, 한차원 높게 공부할 수 있도록 원리통달을 설명하는데 중점을 두었다. 실명감정과 이론강의라는 두 단락으로 나누어 역학의 진리를 설명했기 때문에 누구나 쉽게 이해할 수 있다. 역학계의 대가 김봉준 선생의 역서 「알기쉬운 해설·말하는 역학」의 후편이다.

· 백우 김봉준 저

주역육효 해설방법 上·下

신비한 동양철학 38

한 번만 읽으면 주역을 활용할 수 있는 책!

이 책은 주역을 해설한 것으로, 될 수 있는 한 여러 가지 사설을 덧붙이지 않고 주역을 공부하고 활용하는데 필요한 요건만을 기록했다. 따라서 주역의 근원이나 하도낙서, 음양오행에 대해서도 많은 설명을 자제했다. 다만 누구나 이 책을 한 번 읽어서 주역을 이해하고 활용할 수 있도록 하는데 중점을 두었다.

· 원공선사 저

사주명리학 핵심

신비한 동양철학 ⑲

맥을 잡아야 모든 것이 보인다!

이 책은 잡다한 설명을 배제하고 명리학자들에게 도움이 될 비법만을 모아 엮었기 때문에 초심자가 이해하기에는 다소 어려운 부분도 있겠지만 기초를 튼튼히 한 다음 정독한다면 충분히 이해할 것이다. 신살만 늘어놓으며 감정하는 사이비가 되지말기를 바란다.

· 도관 박흥식 저

술술 읽다보면 통달하는 사주학

술술 읽다보면 나도 어느새 도사 !

당신은 당신 마음대로 모든 일이 이루어지던가. 지금까지 누구의 명령을 받지 않고 내 맘대로 살아왔다고, 운명 따위는 믿지도 않고 매달리지 않는다고, 이렇게 말하는 사람들이 많다. 그러나 그것은 우주법칙을 모르기 때문에 하는 소리다.

· 조철현 저

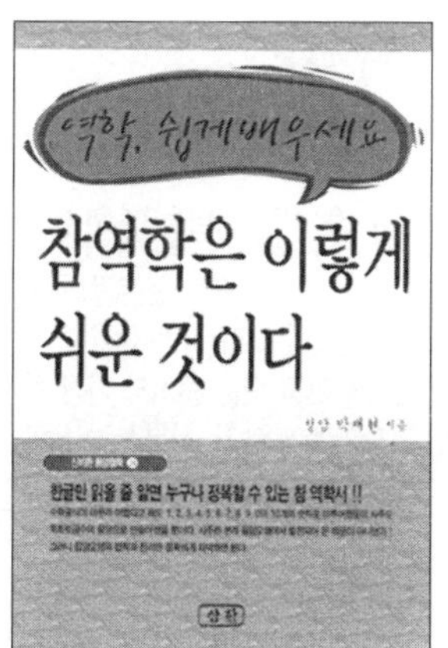

참역학은 이렇게 쉬운 것이다

음양오행의 이론으로 이루어진 참역학서 !

수학공식이 아무리 어렵다고 해도 1, 2, 3, 4, 5, 6, 7, 8, 9, 0의 10개의 숫자로 이루어졌듯이, 사주도 음양과 목, 화, 토, 금, 수의 오행으로 이루어졌을 뿐이다. 그러니 용신과 격국이라는 무거운 짐을 벗어버리고 음양오행의 법칙과 진리만 정확하게 파악하면 된다. 사주는 단지 음양오행의 변화일 뿐이고, 용신과 격국은 사주를 감정하는 한가지 방법에 지나지 않는다.

· 청암 박재현 저

이름이 운명을 바꾼다

신비한 동양철학 ㉕

이름은 제2의 자신이다 !

이름에는 각각 고유의 뜻과 기운이 있어서 그 기운이 성격을 만들고 그 성격이 운명을 만든다. 나쁜 이름은 부르면 부를수록 불행을 부르고 좋은 이름은 부르면 부를수록 행복을 부른다. 만일 이름이 거지 같다면 아무리 운세를 잘 만나도 밥을 좀더 많이 얻어 먹을 수 있을 뿐이다. 이 책의 저자는 신학대학을 졸업하고 역학계에 입문했다는 특별한 이력을 갖고 있기 때문에 더 많은 화제가 되고 있다.

· 역산 김찬동 저

작명해명

신비한 동양철학 ㉖

누구나 쉽게 배워서 활용할 수 있는 체계적인 작명법 !

일반적인 성명학으로는 알 수 없는 한자이름, 한글이름, 영문이름, 예명, 회사명, 상호, 상품명 등의 작명방법을 여러 사례를 들어 체계적으로 분석하여 누구나 쉽게 배워서 활용할 수 있도록 서술했다.

· 도관 박홍식 저

관상오행

신비한 동양철학 ⑳

한국인의 특성에 맞는 관상법 !

좋은 관상인 것 같으나 실제로는 나쁘거나 좋은 관상이 아닌데도 잘 사는 사람이 왕왕있어 관상법 연구에 흥미를 잃는 경우가 있다. 이것은 중국의 관상법만을 익히고, 우리의 독특한 환경적인 특징을 소홀히 다루었기 때문이다. 이에 우리 한국인에게 알맞는 관상법을 연구하여 누구나 관상을 쉽게 알아보고 해석할 수 있도록 자세하게 풀어놓았다.

· 송파 정상기 저

물상활용비법

신비한 동양철학 31

물상을 활용하여 오행의 흐름을 파악한다 !

이 책은 물상을 통하여 오행의 흐름을 파악하고, 운명을 감정하는 방법을 연구한 책이다. 추명학의 해법을 연구하고 운명을 추리하여 오행에서 분류되는 물질의 운명 줄거리를 물상의 기물로 나들이 하는 활용법을 주제로 했다. 팔자풀이 및 운명해설에 관한 명리감정법의 체계를 세우는데 목적을 두고 초점을 맞추었다.

· 해주 이학성 저

운세십진법 · 本大路

신비한 동양철학 ❶

운명을 알고 대처하는 것은 현대인의 지혜다!

타고난 운명은 분명히 있다. 그러니 자신의 운명을 알고 대처한다면 비록 운명을 바꿀 수는 없지만 충분히 향상시킬 수 있다. 이것이 사주학을 알아야 하는 이유다. 이 책에서는 자신이 타고난 숙명과 앞으로 펼쳐질 운명행로를 찾을 수 있도록 운명의 기초를 초연하게 설명하고 있다.

· 백우 김봉준 저

국운 · 나라의 운세

신비한 동양철학 ㉒

역으로 풀어본 우리나라의 운명과 방향!

아무리 서구사상의 파고가 높다하기로 오천년을 한결같이 가꾸며 살아온 백두의 혼이 와르르 무너지는 지경에 왔어도 누구하나 입을 열어 말하는 사람이 없으니 답답하다. IMF라는 특수한 상황에서 불확실한 내일에 대한 해답을 이 책은 명쾌하게 제시하고 있다.

· 백우 김봉준

원토정비결

신비한 동양철학 53

반쪽으로만 전해오는 토정비결의 완전한 해설판

지금 시중에 나와 있는 토정비결에 대한 책들을 보면 옛날부터 내려오는 완전한 비결이 아니라 반쪽의 책이다. 그러나 반쪽이라고 말하는 사람이 없다. 그것은 주역의 원리를 모르기 때문이다. 따라서 늦은 감이 없지 않으나 앞으로의 수많은 세월을 생각하면서 완전한 해설본을 내놓기로 한 것이다.

· 원공선사 저

내가 보고 내가 바꾸는 DIY사주

신비한 동양철학 40

내가 보고 내가 바꾸는 사주비결!

이 책은 기존의 책들과는 달리 한 사람의 사주를 체계적으로 도표화시켜 한 눈에 파악할 수 있고, DIY라는 책 제목에서 말하듯이 개운하는 방법을 제시하고 있다. 초심자는 물론 전문가도 자신의 이론을 새롭게 재조명해 볼 수 있는 케이스 스터디 북이다.

· 석오 전 광 지음

한눈에 보는 손금

신비한 동양철학 52

논리정연하며 바로미터적인 지침서

이 책은 수상학의 연원을 초월해서 동서합일의 이론으로 집필했다. 그야말로 완벽하리만치 논리정연한 수상학을 정리한 것이다. 그래서 운명적, 철학적, 동양적, 심리학적인 면을 예증과 방편에 이르기까지 아주 상세하게 기술했다. 이 책은 수상학이라기 보다 한 인간의 바로미터적인 지침서 역할을 해줄 것이다. 독자 여러분의 꾸준한 연구와 더불어 인생성공의 지침서가 될 수 있을 것이다.

· 정도명 저

만세력 | 사륙배판 · 신국판
사륙판 · 포켓판

신비한 동양철학 45

찾기 쉬운 만세력

이 책은 완벽한 만세력으로 만세력 보는 방법을 자세하게 설명했다. 그리고 역학에 대한 기본적인 내용과 결혼하기 좋은 나이 · 좋은 날 · 좋은 시간, 아들 · 딸 태아감별법, 이사하기 좋은 날 · 좋은 방향 등을 부록으로 실었다.

· 백우 김봉준 저

수명비결

신비한 동양철학 14

주민등록번호 13자로 숙명의 정체를 밝힌다

우리는 지금 무수히 많은 숫자의 거미줄에 매달려 허우적거리며 살아가고 있다. 1분ㆍ1초가 생사를 가름하고, 1등ㆍ2등이 인생을 좌우하며, 1급ㆍ2급이 신분을 구분하는 세상이다. 이 책은 수명리학으로 13자의 주민등록번호로 명예, 재산, 건강, 수명, 애정, 자녀운 등을 미리 읽어본다.

ㆍ장충한 저

운명으로 본 나의 질병과 건강상태

신비한 동양철학 9

타고난 건강상태와 질병에 대한 대비책

이 책은 국내 유일의 동양오술학자가 사주학과 더불어 정통명리학의 양대산맥을 이루는 자미두수 이론으로 임상실험을 거쳐 작성한 표준자료다. 따라서 명리학을 응용한 최초의 완벽한 의학서로 질병을 예방하고 치료하는데 활용한다면 최고의 의사가 될 것이다. 또한 예방의학적인 차원에서 건강을 유지하는데 훌륭한 지침서로 현대의학의 새로운 장을 여는 계기가 될 것이다.

ㆍ오상익 저

오행상극설과 진화론

신비한 동양철학 5

인간과 인생을 떠난 천리란 있을 수 없다

과학이 현대를 설정하여 설명하고 있으나 원리는 동양철학에도 있기에 그 양면을 밝히고자 노력했다. 우주에서 일어나는 모든 일을 과학으로 설명될 수는 없다. 비과학적이라고 하기보다는 과학이 따라오지 못한다고 설명하는 것이 더 솔직하고 옳은 표현일 것이다. 특히 과학분야에 종사하는 신의사가 저술했다는데 더 큰 화제가 되고 있다.

· 김태진 저

사주학의 활용법

신비한 동양철학 17

가장 실질적인 역학서

우리가 생소한 지방을 여행할 때 제대로 된 지도가 있다면 편리하고 큰 도움이 되듯이 역학이란 이와같은 인생의 길잡이다. 예측불허의 인생을 살아가는데 올바른 안내자나 그 무엇이 있다면 그 이상 마음 든든하고 큰 재산은 없을 것이다.

· 학선 류래웅 저

쉽게 푼 주역

신비한 동양철학 10

귀신도 탄복한다는 주역을 쉽고 재미있게 풀어놓은 책

주역이라는 말 한마디면 귀신도 기겁을 하고 놀라 자빠진다는데, 운수와 일진이 문제가 될까. 8×8=64괘라는 주역을 한 괘에 23개씩의 회답으로 해설하여 1472괘의 신비한 해답을 수록했다. 당신이 당면한 문제라면 무엇이든 해결할 수 있는 열쇠가 이 한 권의 책 속에 있다.

· 정도명 저

핵심 관상과 손금

신비한 동양철학 54

사람을 볼 줄 아는 안목과 지혜를 알려주는 책

오늘과 내일을 예측할 수 없을만큼 복잡하게 펼쳐지는 현실에서 살아남기 위해서는 사람을 볼줄 아는 안목과 지혜가 필요하다. 시중에 관상학에 대한 책들이 많이 나와있지만 너무 형이상학적이라 전문가도 이해하기 어렵다. 이 책에서는 누구라도 쉽게 보고 이해할 수 있도록 핵심만을 파악해서 설명했다.

· 백우 김봉준 저

진짜궁합 가짜궁합

신비한 동양철학 8

남녀궁합의 새로운 충격

중국에서 연구한 국내유일의 동양오술학자가 우리나라 역술가들의 궁합법이 잘못되었다는 것을 학술적으로 분석·비평하고, 전적과 사례연구를 통하여 궁합의 실체와 타당성을 분석했다. 합리적인 「자미두수궁합법」과 「남녀궁합」 및 출생시간을 몰라 궁합을 못보는 사람들을 위하여 「지문으로 보는 궁합법」 등을 공개한다.

· 오상익 저

좋은꿈 나쁜꿈

신비한 동양철학 15

그날과 앞날의 모든 답이 여기 있다

개꿈이란 없다. 꿈은 반드시 미래를 예언한다. 이 책은 프로이드의 정신분석학적인 입장이 아닌 미래판단의 근거에 입각한 예언적인 해몽학이다. 여러 형태의 꿈을 체계적으로 정리했으니 올바른 해몽법으로 앞날을 지혜롭게 대처해 보자. 모쪼록 각 가정에서 한 권씩 두고 이용하면 생활하는데 많은 도움이 될 것이다.

· 학선 류래웅 저

완벽 만세력

신비한 동양철학 58

착각하기 쉬운 썸머타임 2도 인쇄

시중에 많은 종류의 만세력이 나와있지만 이 책은 단순한 만세력이 아니라 완벽한 만세경전으로 만세력 보는 법 등을 실었기 때문에 처음 대하는 사람이라도 쉽게 볼 수 있도록 편집되었다. 또한 부록편에는 사주명리학, 신살종합해설, 결혼과 이사택일 및 이사방향, 길흉보는 법, 우주천기와 한국의 역사 등을 수록했다.

• 백우 김봉준 저

주역·토정비결

신비한 동양철학 40

토정비결의 놀라운 비결

지금 시중에 나와 있는 토정비결에 대한 책들을 보면 옛날부터 내려오는 완전한 비결이 아니라 반쪽의 책이다. 그러나 반쪽이라고 말하는 사람이 없다. 그것은 주역의 원리를 모르기 때문이다. 따라서 늦은 감이 없지 않으나 앞으로의 수많은 세월을 생각하면서 완전한 해설본을 내놓기로 했다.

• 원공선사 저

현장 지리풍수

신비한 동양철학 48

현장감을 살린 지리풍수법

풍수를 업으로 삼는 사람들이 진(眞)과 가(假)를 분별할 줄 모르면서 24산의 포태사묘의 법을 익히고는 많은 법을 알았다고 자부하며 뽐내고 있다. 그리고는 재물에 눈이 어두워 불길한 산을 길하다 하고, 선하지 못한 물(水)을 선하다 하면서 죄를 범하고 있다. 이는 분수 밖의 것을 망녕되게 바라기 때문이다. 마음 가짐을 바로하고 고대 원전에 공력을 바치면서 산간을 실사하며 적공을 쏟으면 정교롭고 세밀한 경지를 얻을 수 있을 것이다.

· 전항수 · 주관장 편저

완벽 사주와 관상

신비한 동양철학 55

사주와 관상의 핵심을 한 권에

자연과 인간, 음양(陰陽)오행과 인간, 사계와 절후, 인상(人相)과 자연, 신(神)들의 이야기 등등 우리들의 삶과 관계되는 사실적 관계로만 역(易)을 설명해 누구나 쉽게 이해할 수 있도록 썼으며 특히 역(易)에 대한 관심과 흥미를 갖게 하고자 인상학(人相學)을 추록했다. 여기에 추록된 인상학(人相學)은 시중에서 흔하게 볼 수 있는 상법(相法)이 아니라 생활상법(生活相法) 즉 삶의 지식과 상식을 드리고자 했으니 생활에 유익함이 있기를 바란다.

· 김봉준 · 유오준 공저

해몽 · 해몽법

신비한 동양철학 50

해몽법을 알기 쉽게 설명한 책

인생은 꿈이 예지한 시간적 한계에서 점점 소멸되어 가는 현존물이기 때문에 반드시 꿈의 뜻을 따라야 한다. 이것은 꿈을 먹고 살아가는 인간 즉 태몽의 끝장면인 죽음을 향해 달려가고 있는 인간이기 때문이다. 꿈은 우리의 삶을 이끌어가는 이정표와도 같기에 똑바로 가도록 노력해야 한다.

· 김종일 저

역점

신비한 동양철학 57

우리나라 전통 행운찾기

주역을 무조건 미신으로 치부해버리는 생각은 버려야 한다. 주역이 점치는 책에만 불과했다면 벌써 그 존재가 없어졌을 것이다. 그러나 오랫동안 많은 학자가 연구를 계속해왔고, 그 속에서 자연과학과 형이상학적인 우주론과 인생론을 밝혀, 정치·경제·사회 등 여러 방면에서 인간의 생활에 응용해왔고, 삶의 지침서로써 그 역할을 했다. 이 책은 한 번만 읽으면 누구나 역점가가 될 수 있으니 생활에 도움이 되길 바란다.

· 문명상 편저

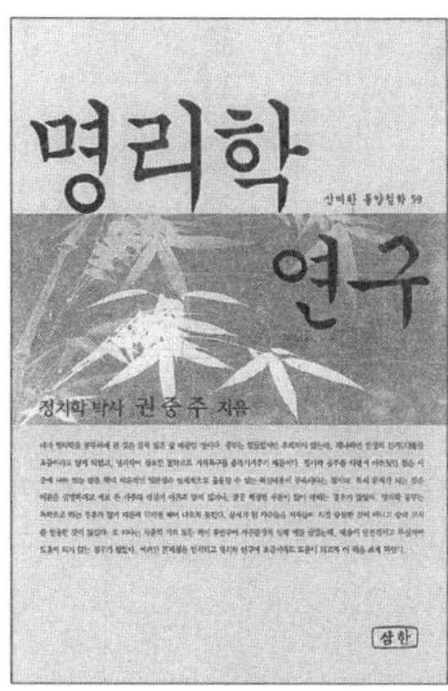

명리학연구

신비한 동양철학 59

체계적인 명확한 이론

이 책은 명리학 연구에 핵심적인 내용만을 모아 하나의 독립된 장을 만들었다. 명리학은 분야가 넓어 공부를 하다보면 주변에 머무르는 경우가 많아, 주요 내용을 잃고 헤매는 경우가 많다. 그러므로 뼈대를 잡는 것이 중요한데, 여기서는 「17장. 명리대요」에 핵심 내용만을 모아 학문의 체계를 잡는데 용이하게 하였다.

· 권중주 저

쉽게 푼 풍수

신비한 동양철학 60

현장에서 활용하는 풍수지리법

산도는 매우 광범위하고, 현장에서 알아보기 힘들다. 더구나 지금은 수목이 울창해 소조산 정상에 올라가도 나무에 가려 국세를 파악하는데 애를 먹는다. 그러므로 사진을 첨부하니 많은 도움이 되길 바란다. 물론 결록에 있고 산도가 눈에 익은 것은 혈 사진과 함께 소개하니 참고하기 바란다. 이 책을 열심히 정독하면서 답산하면 혈을 알아보고 용산도 할 수 있을 것이다.

· 전항수·주장관 편저

음택양택

신비한 동양철학 63

현세의 운·내세의 운

이 책에서는 음양택명당의 조건이나 기타 여러 가지를 설명하여 산 자와 죽은 자의 행복한 집을 만들 수 있도록 했다. 특히 죽은 자의 집인 음택명당은 자리를 옳게 잡으면 꾸준히 생기를 발하여 흥하나, 그렇지 않으면 큰 피해를 당하니 돈보다도 행·불행의 근원인 음양택명당에 관심을 기울여야 한다.

· 전항수·주장관 지음

이런 집에 살아야 잘 풀린다

신비한 동양철학 64

운이 트이는 좋은 집 알아보는 비결

힘든 상황에서 내 가족이 지혜롭게 대처하고 건강을 지켜주는, 한마디로 운이 트이는 집은 모두의 꿈일 것이다. 가족이 평온하게 생활할 수 있는 집, 나가서는 발전을 가져다 줄 수 있는 그런 집이 있다면 얼마나 좋을까? 그런 소망에 한 걸음이라도 가까워지려면 막연하게 운만 기대해서는 안 된다. '호랑이를 잡으려면 호랑이 굴로 들어가라' 는 속담이 있듯이 좋은 집을 가지려면 그만한 노력이 있어야 한다.

· 강현술·박흥식 감수

사주에 모든 길이 있다

신비한 동양철학 65

사주를 간명하는데 조금이라도 도움이 되었으면 하는 바람에서 이 책을 쓰게 되었다. 간명의 근간인 오행의 왕쇠강약을 세분해서 설명했다. 그리고 대운과 세운, 세운과 월운의 연관성과, 십신과 여러 살이 운명에 미치는 암시와, 십이운성으로 세운을 판단하는 방법을 설명했다.

· 정담 선사 편저

사주학

신비한 동양철학 66

5대 원서의 핵심과 실용

이 책은 사주학을 체계적으로 공부하려는 학도들을 위해 꼭 알아야 할 내용과 용어를 수록하는데 중점을 두었다. 이 학문을 공부하려고 찾아온 사람들에게 여러 가지 질문을 던져보면 거의 기초지식이 시원치 않다. 그런 상태로 사주를 읽으려니 제대로 될 리가 없다. 이 책으로 용어와 제반지식을 터득하면 빠른 시일에 소기의 목적을 이룰 수 있을 것이다.

· 글갈 정대엽 저

주역 기본원리

신비한 동양철학 67

주역의 기본원리를 통달할 수 있는 책

이 책에서는 기본괘와 변화와 기본괘가 어떤 괘로 변했을 경우 일어날 수 있는 내용들을 설명하여 주역의 변화에 대한 이해를 돕는데 주력하였다. 그러나 그런 내용을 구분할 수 있는 방법을 전부 다 설명할 수는 없기에 뒷장에 간단하게설명하였고, 다른 책들과 설명의 차이점도 기록하였으니 참작하여 본다면 조금이나마 도움이 될 것이다.

· 원공선사 편저

사주특강

신비한 동양철학 68

자평진전과 적천수의 재해석

이 책은 『자평진전(子平眞詮)』과 『적천수(滴天髓)』를 근간으로 명리학(命理學)의 폭넓은 가치를 인식하고, 실전에서 유용한 기반을 다지는데 중점을 두고 썼다. 일찍이 『자평진전(子平眞詮)』을 교과서로 삼고, 『적천수(滴天髓)』로 보완하라는 서낙오(徐樂吾)의 말에 깊이 공감한다.

청월 박상의 편저

복을 부르는방법

신비한 동양철학 69

나쁜 운을 좋은 운으로 바꾸는 비결

개운하는 방법은 여러 가지가 있으나, 이 책의 비법은 축원문을 독송하는 것이다. 독송이란 소리내 읽는다는 뜻이다. 사람의 말에는 기운이 있는데, 이 기운은 자신에게 돌아온다. 좋은 말을 하면 좋은 기운이 돌아오고, 나쁜 말을 하면 나쁜 기운이 돌아온다. 이 책은 누구나 어디서나 쉽게 비용을 들이지 않고 좋은 운을 부를 수 있는 방법을 실었다.

· 역산 김찬동 편저

인터뷰 사주학

신비한 동양철학 70

쉽고 재미있는 인터뷰 사주학

얼마전까지만 해도 사주학을 취급하는 사람들은 미신을 다루는 부류로 취급되었다. 그러나 지금은 하루가 다르게 이 학문을 공부하는 사람들이 폭증하고 있는 것으로 보인다. 젊은 층에서 사주카페니 사주방이니 사주동아리니 하는 것들이 만들어지고 그 모임이 활발하게 움직이고 있다는 점이 그것을 증명해준다. 그뿐 아니라 대학원에는 역학교수들이 점차로 증가하고 있다.

· 글갈 정대엽 편저

육효대전

신비한 동양철학 37

정확한 해설과 다양한 활용법

동양의 고전 중에서도 가장 대표적인 것이 주역이다. 주역은 옛사람들이 자연의 법칙을 거울삼아 인간이 생활을 영위해 나가는 처세에 관한 지혜를 무한히 내포하고, 피흉추길하는 얼과 슬기가 함축된 점서)인 동시에 수양·과학서요 철학·종교서라고 할 수 있다.

· 도관 박흥식 편저

사람을 보는 지혜

신비한 동양철학 73

관상학의 초보에서 완성까지

현자는 하늘이 준 명을 알고 있기에 부귀에 연연하지 않는다. 사람은 마음을 다스리는 심명이 있다. 마음의 명은 자신만이 소통하는 유일한 우주의 무형의 에너지이기 때문에 잠시도 잊으면 안된다. 관상학은 사람의 상으로 이런 마음을 살피는 학문이니 잘 이해하여 보다 나은 삶을 삶을 영위할 수 있도록 노력해야 한다.

· 이부길 편저

명리학 | 재미있는 우리사주

신비한 동양철학 74

사주 세우는 방법부터 용어해설 까지!!

몇 년 전 『사주에 모든 길이 있다』가 나온 후 선배 제현들께서 알찬 내용의 책다운 책을 접했다면서 매월 한 번만이라도 참 역학의 발전을 위하여 학술세미나를 열자는 제의를 받았다. 그러나 사주의 작성법을 설명하지 않아 독자들에게 많은 질타를 받고 뒤늦게 이 책을 출판하기로 결심했다. 이 책은 한글만 알면 누구나 역학과 가까워질 수 있도록 사주 세우는 방법부터 실제 간명, 용어해설에 이르기까지 분야별로 엮었다.

· 정담 선사 편저

성명학 | 바로 이 이름

신비한 동양철학 75

사주의 운기와 조화를 고려한 이름짓기

사람은 누구나 타고난 운명, 즉 숙명이라는 것이 있다. 숙명인 사주팔자는 선천운이고, 성명은 후천운이 되는 것으로 이름을 지을 때는 타고난 운기와의 조화를 고려함이 중요하다. 따라서 역학에 대한 깊은 이해가 선행되어야 함은 지극히 당연한 일이다. 부연하면 작명의 근본은 타고난 사주에 운기를 종합적으로 분석하여 부족한 점을 보강하고 결점을 개선한다는 큰 뜻이 있다고 할 수 있다.

· 정담 선사 편저

운을 잡으세요 | 개운비법

신비한 동양철학 76

염력강화로 삶의 문제를 해결한다!

염력(念力)이 강한 사람은 운명을 개척하며 행복하게 살고, 염력이 약한 사람은 운명의 노예가 되어 불행하게 살아간다. 때문에 행복과 불행은 누가 주는 것이 아니라 자기 자신이 만든다고 할 수 있다. 한 마디로 말해 의지의 힘, 즉 염력이 운명을 바꾸는 것이다. 이 책에서는 이러한 염력을 강화시켜 삶에서 일어나는 문제를 해결하는 방법을 알려준다. 누구나 가벼운 마음으로 읽고 실천한다면 반드시 목적을 이룰 수 있을 것이다.

・역산 김찬동 편저

작명정론

신비한 동양철학 77

이름으로 보는 역대 대통령이 나오는 이치

사주팔자가 네 기둥으로 세워진 집이라면 이름은 그 집을 대표하는 문패라고 할 수 있다. 사람은 태어나면서 사주를 통해 운을 타고나고 이름이 주어진 순간부터 명(命)이 작용한다. 사주와 이름이 곧 운명을 결정한다는 것이다. 따라서 이름을 지을 때는 사주의 격에 맞추어야 한다. 사주 그릇이 작은 사람이 원대한 뜻의 이름을 쓰면 감당하지 못할 시련을 자초하게 되고 오히려 이름값을 못할 수 있다. 즉 분수에 맞는 이름으로 작명해야 하기 때문에 사주의 올바른 분석이 필요하다.

・청월 박상의 편저

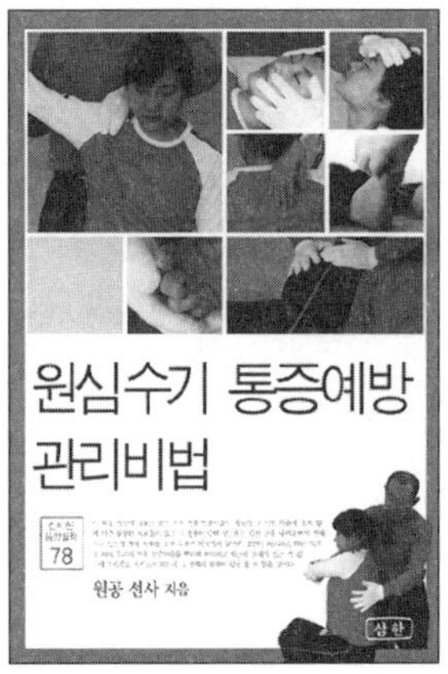

원심수기 통증예방 관리비법

신비한 동양철학 78

쉽게 배워 적용할 수 있는 통증관리법

이 책을 세상에 내놓는 것은 우리 전통 민중의술도 세상의 그 어떤 의술에 못지 않게 아주 훌륭한 치료술이 있고 그 전통이 수백 년, 또는 수천 년을 내려오면서 전해지고 있는데 현재 사회를 보면 무조건 외국에서 들어온 것만이 최고라고 하는 식으로 하여 우리의 전통 민중의술을 뿌리째 버리려고 하는데 문제가 있는 것 같기에 우리것을 지키고자 하는데 그 첫째의 목적이 있다 할 수 있을 것이다.

· 원공 선사 서

사주비기

신비한 동양철학 79

역학으로 보는 대통령이 나오는 이치 ! !

이 책에서는 고서의 이론을 근간으로 하여 근대의 사주들을 임상하여, 적중도에 의구심이 가는 이론들은 과감하게 탈피하고 통용될 수 있는 이론만을 수용했다. 따라서 기존 역학서의 아쉬운 부분들을 충족시키며 일반인도 열정만 있으면 누구나 자신의 운명을 감정하고 피흉취길할 수 있는 생활지침서로 활용할 수 있을 것이다.

청월 박상의 편저

찾기 쉬운 명당

신비한 동양철학 44

풍수지리의 모든 것!

이 책은 가능하면 쉽게 풀려고 노력했고, 실전에 도움이 되도록 했다. 특히 풍수지리에서 방향측정에 필수인 패철(佩鐵)사용과 나경(羅經) 9층을 각 층별로 간추려 설명했다. 그리고 이 책에 수록된 도설, 즉 오성도, 명산도, 명당 형세도 내거수 명당도, 지각(枝脚)형세도, 용의 과협출맥도, 사대혈형(穴形) 와겸유돌(窩鉗乳突) 형세도 등은 국립중앙도서관에 소장된 문헌자료인 만산도단, 만산영도, 이석당 은민산도의 원본을 참조했다.

· 호산 윤재우 저

명리입문

신비한 동양철학 41

명리학의 필독서!

이 책은 자연의 기후변화에 의한 운명법 외에 명리학도들이 궁금해 했던 인생의 제반사들에 대해서도 상세하게 기술했다. 따라서 초보자부터 심도있게 공부한 사람들까지 세심히 읽고 숙독해야 하는 책이다. 특히 격국이나 용신뿐 아니라 십신에 대한 자세한 설명, 조후용신에 대한 보충설명, 인간의 제반사에 대해서는 독보적인 해설이 들어 있다. 초보자들에게는 더할 수 없이 훌륭한 길잡이가 될 것이다.

· 동하 정지호 편역

육효점 정론

신비한 동양철학 80

육효학의 정수!

이 책은 주역의 원전소개와 상수역법의 꽃으로 발전한 경방학을 같이 실어 독자들의 호기심을 충족시키는데 중점을 두었습니다. 주역의 원전으로 인화의 처세술을 터득하고, 어떤 사안의 답은 육효법을 탐독하여 찾으시기 바랍니다.

· 효명 최인영 편역

작명 백과사전

신비한 동양철학 81

36가지 이름짓는 방법과 선후천 역상법 수록

이름은 나를 대표하는 생명체이므로 몸은 세상을 떠날지라도 영원히 남는다. 성명운의 유도력은 후천적으로 가공 인수되는 후존적 수기로써 조성 운화되는 작용력이 있다. 선천수기의 운기력이 50%이면 후천수기도의 운기력도50%이다. 이와 같이 성명운의 작용은 운로에 불가결한조건일 뿐 아니라, 선천명운의 범위에서 기능을 충분히 할 수 있다.

· 임삼업 편저 | 송충석 감수

사주대성

신비한 동양철학 33

초보에서 완성까지

이 책은 과거 현재 미래를 모두 알 수 있는 비결을 실었다. 그러나 모두 터득한다는 것은 어려울 것이다.역학은 수천 년간 동방의 석학들에 의해 갈고 닦은 철학이요 학문이며, 정신문화로서 영과학적인 상수문화로서 자랑할만한 위대한 학문이다.

· 도관 박흥식 저

해몽정본

신비한 동양철학 36

꿈의 모든 것 !

막상 꿈해몽을 하려고 하면 내가 꾼 꿈을 어디다 대입시켜야 할지 모를 경우가 많았을 것이다. 그러나 이 책은 찾기 쉽고, 명료하며, 최대한으로 많은 갖가지 예를 들었으니 꿈해몽을 하는데 어려움이 없을 것이다.

· 청암 박재현 저

적천수 정설

신비한 동양철학 82

적천수 원문을 쉽고 자세하게 해설

적천수(滴天髓)는 명나라 개국공신인 유백온(劉伯溫) 선생이 처음으로 저술한 후 여러 사람이 각각 자신의 주장을 내세워 해설하여 오늘날에는 많은 분량이 되었다. 그러나 원래 유백온(劉伯溫) 선생이 저술한 적천수(滴天髓)의 원문은 내용이 그렇게 많지가 않다. 저자는 적천수(滴天髓) 원문을 보고 30년 역학(易學)의 경험을 총동원하여 감히 해설해 보았다.

· 역산 김찬동 편역

궁통보감 정설

신비한 동양철학 83

궁통보감 원문을 쉽고 자세하게 해설

『궁통보감(窮通寶鑑)』은 5대원서 중에서 가장 이론적이며 사리에 맞는 책이라고 생각한다. 이 책은 조후(調候)를 중심으로 설명하며 간명한 것이 특징이다. 역학을 공부하는 학도들에게 도움을 주려고 먼저 원문에 음독을 단 다음 해설하였다. 그리고 예문은 서낙오(徐樂吾) 선생이 해설한 것을 그대로 번역하였고, 저자가 상담한 사람들의 사주와 점서에 있는 사주들을 실었다.

· 역산 김찬동 편역

왕초보 내 사주

신비한 동양철학 84

초보 입문용 역학서

이 책은 역학을 너무 어렵게 생각하는 초보자들에게 조금이나마 도움을 주고자 쉽게 엮으려고 노력했다. 이 책을 숙지한 후 역학(易學)의 5대 원서인 『적천수(滴天髓)』, 『궁통보감(窮通寶鑑)』, 『명리정종(命理正宗)』, 『연해자평(淵海子平)』, 『삼명통회(三命通會)』에 접근한다면 훨씬 쉽게 터득할 수 있을 것이다. 이 책들은 저자가 이미 편역하여 삼한출판사에서 출간한 것도 있고, 앞으로 모두 갖출 것이니 많이 활용하기 바란다.

· 역산 김찬동 편저

스스로 공부하게 하는 방법과 천부적 적성

신비한 동양철학 85

내 아이를 성공시키고 싶은 부모들에게

자녀를 성공시키고 싶은 마음은 부자나 가난한 사람이나 모두 같을 것이다. 그러나 가난한 부모를 둔 아이들은 공부할 수 있는 환경이 열악하다. 빈익빈 부익부 현상이 배우는 아이들 때부터 시작되기 때문이다. 그러니 가난한 집 아이가 좋은 성적을 내기는 매우 어렵고, 원하는 학교에 들어가기도 어렵다. 그러나 실망하기에는 아직 이르다. 내 아이가 훌륭한 인재로 성장해 아름답고 멋진 삶을 살아가는 방법이 이 책에 있다.

· 청암 박재현 지음

기문둔갑 비급대성

신비한 동양철학 86

기문의 정수

기문둔갑은 천문지리·인사명리·법술병법 등에 영험한 술수로 예로부터 은밀하게 특권층에만 전승되었다. 그러나 아쉽게도 기문을 공부하려는 이들에게 도움이 될만한 책이 거의 없다. 필자는 이 점이 안타까워 천견박식함을 돌아보지 않고 감히 책을 내게 되었다. 한 권에 기문학을 다 표현할 수는 없지만 이 책을 사다리 삼아 저 높은 경지로 올라간다면 제갈공명과 같은 지혜를 발휘할 수 있을 것이다.

· 도관 박홍식 편저

아호연구

신비한 동양철학 87

여러 가지 작호법과 실예 모음

필자는 오래 전부터 작명을 연구했다. 그러나 시중에 나와 있는 책에는 대부분 아호에 관해서는 전혀 언급하지 않았다. 그래서 아호에 관심이 있어도 자료를 구하지 못하는 분들을 위해 이 책을 내게 되었다. 아호를 짓는 것은 그리 대단하거나 복잡하지 않으니 이 책을 처음부터 끝까지 착실히 공부한다면 누구나 좋은 아호를 지어 쓸 수 있을 것이라고 생각한다.

· 임삼업 편저

점포, 이렇게 하면 부자됩니다

신비한 동양철학 88

부자되는 점포, 보는 방법과 만드는 방법

사업의 성공과 실패는 어떤 사업장에서 어떤 품목으로 어떤 사람들과 거래하느냐에 따라 판가름난다. 그리고 사업을 성공시키려면 반드시 몇 가지 문제를 살펴야 하는데 무작정 사업을 시작하여 실패하는 사람들이 많다. 그래서 이 책에서는 이러한 문제와 방법들을 조목조목 기술하여 누구나 성공하도록 도움을 주는데 주력하였다.

· 김도희 편저

육효학총론

신비한 동양철학 89

육효학의 핵심만을 정확하고 알기 쉽게 정리

육효는 갑자기 문제가 생겨 난감한 경우에 명쾌한 답을 찾을 수 있는 학문이다. 그러나 시중에 나와 있는 책들이 대부분 원서를 그대로 번역해 놓은 것이라 전문가인 필자가 보기에도 지루하며 어렵다는 느낌이 들었다. 그래서 보다 쉽게 공부할 수 있도록 이 책을 출간하게 되었다. 육효에 관심이 있는 사람은 누구나 정독한다면 크고 작은 난관들을 사전에 미리 알고 대처할 수 있을 것이라고 믿는다.

· 김도희 편저

동양철학전문출판 삼한

이런 사원이 좋습니다

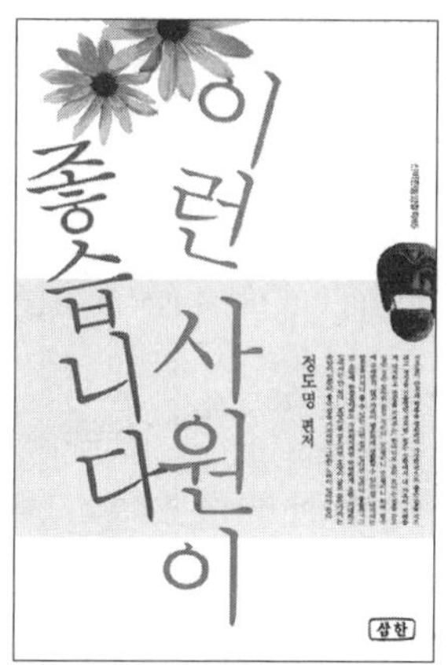

신비한 동양철학 90

사원선발 면접지침

사회가 다양해지면서 인력관리의 전문화가 매우 필요
하며 인력수급 계획이 기업주들의 애로사항이 되었다.
필자는 그동안 수많은 기업의 사원선발 면접시험에 참
여했는데 한결같이 기업주들이 면접지침에 관한 책이
하나쯤 있으면 좋겠다는 것이었다. 그리하여 필자가 경
험한 사례들을 참작하여 이 책을 내게 되었으니 좋은
사원을 선발하는데 많은 도움이 될 것이라고 믿는다.

· 정도명 지음

새로 나온 평생만세력

신비한 동양철학 91

착각하기 쉬운 썸머타임 2도인쇄

시중에 많은 종류의 만세력이 있지만 이 책은 단순한
만세력이 아니라 완벽한 만세경전이다. 그리고 만세력
보는 법 등을 실러 처음 대하는 사람이라도 쉽게 볼 수
있도록 편집하였다. 또 부록편에는 사주명리학, 신살
종합해설, 결혼과 이사 택일, 이사 방향, 길흉보는 법,
우주의 천기와 우리나라 역사 등을 수록하였다.

· 백우 김봉준 편저

음파메세지(氣) 성명학

신비한 동양철학 51

새로운 시대에 맞는 새로운 성명학

지금까지의 모든 성명학은 모순의 극치를 이루고 있다. 이제 새로운 시대에 맞는 음파메세지(氣) 성명학이 탄생했으니 차근차근 읽어보고 복을 계속 부르는 이름을 지어 사랑하는 자녀가 행복하고 아름다운 삶을 살아갈 수 있도록 하는데 도움이 되었으면 한다.

· 청암 박재현 저

정법사주

신비한 동양철학 49

독학과 강의용 겸용의 책

이 책은 사주추명학을 연구하고자 하는 분들에게 심오한 주역의 이해를 돕고자 하는 의도에서 시작되었다. 음양오행의 상생상극에서부터 육친법과 신살법을 기초로 하여 격국과 용신 그리고 유년판단법을 활용하여 운명판단에 첩경이 될 수 있도록 했고, 추리응용과 운명감정의 실례를 하나 하나 들어가면서 독학과 강의용 겸용으로 엮었다.

· 원각 김구현 저

지은이 정도명

1936년 전북 남원 출생
40여 년간 구도수련 중

1987년 8월 3일 『주간 중앙』「성씨와 인간관계」 학술발표
　　　　8월 30일 『주간 중앙』 12대 대통령후보 관상평
　　　　7월~1988년 3월 『스포츠동아』「컴퓨터 운세자료 해설」 연재
　　　　11~12월 『월간 스포츠용품』「운세 및 관상평」 연재
　　　　11월 5일 KBS2 텔레비전 《가정저널》〈점과 인상학〉 출연
　　　　12월 30일 KBS1 텔레비전 〈무진년 용의 해 운세〉 해설
1988년 3~11월 『주간 스포츠 골프』「운세해설」 연재
　　　　10월 18일 한국정보건강신문사 주최 〈제1회 민속비방 공개세미나〉 초빙강연
1989년 『월간 가정과 청소년』「한국 운세 및 60갑자 운세」 해설
　　　　『월간 한국 건강정보신문』「12지 운세」 해설
　　　　10월 『월간 세계여성』 창간호 「60갑자 운세」 해설
1990년 『월간 화보』 1월호 「사회질서 경오년 운세」 해설
1999년 6월~2001년 8월 『월가 에세이』 운세 해설
2007년 10월 7일 tvn 수상학 해설자 출연

저서 : 『쉽게 푼 주역』, 『한눈에 보는 손금』, 『이런 사원이 좋습니다』,
　　　『오늘의 운세』, 『꿈풀이 대백과』, 『21세기 신토정비결』,
　　　『21세기 신성명학대전』, 『로또대박 공략법』

현재 : 정도명 철학원 원장
　　　대표전화 544-7229

쉽게 푼 주역

1판 1쇄 인쇄일 1993년 4월 26일 ｜ 1판 5쇄 발행일 2009년 11월 6일

발행처 삼한출판사 ｜ 발행인 김충호 ｜ 지은이 정도명
신고년월일 1975년 10월 18일 ｜ 신고번호 제305-1975-000001호

411-776 경기도 고양시 일산서구 일산동 1654번지 산들마을 304동 2001호
대표전화 (031) 921-0441 ｜ 팩시밀리 (031) 925-2647

값 16,000원
ISBN 89-7460-086-2　03180